U0547892

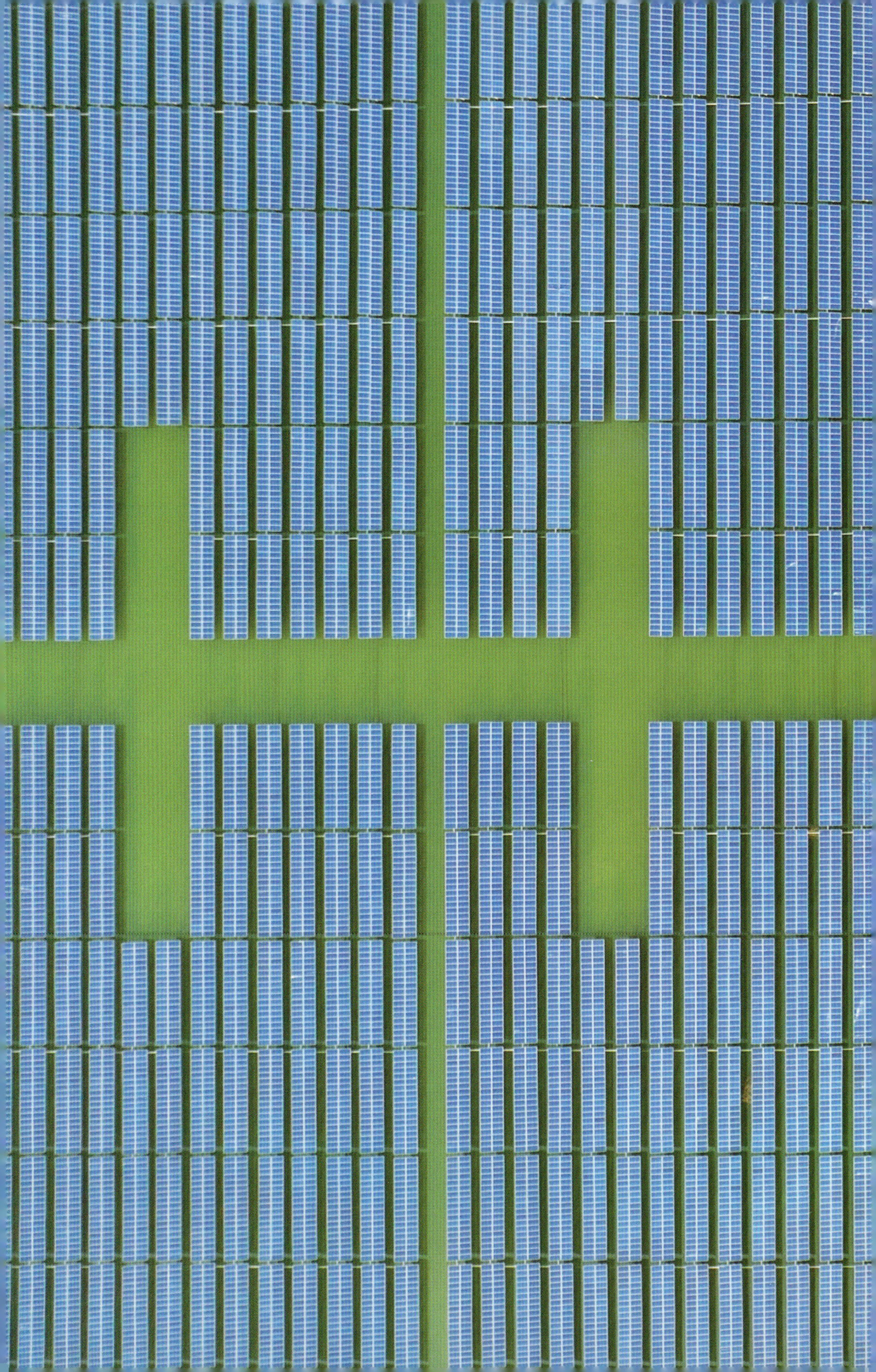

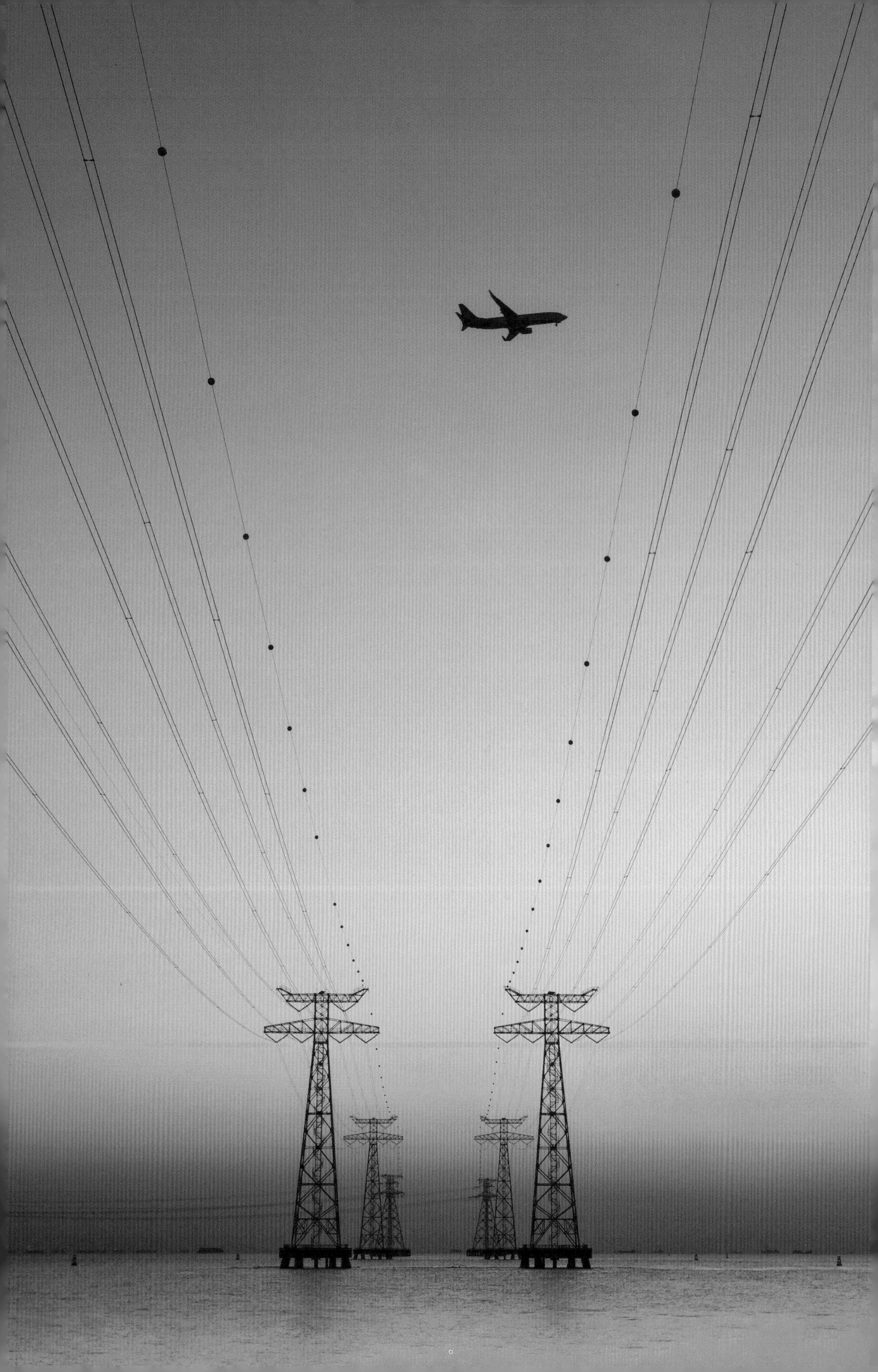

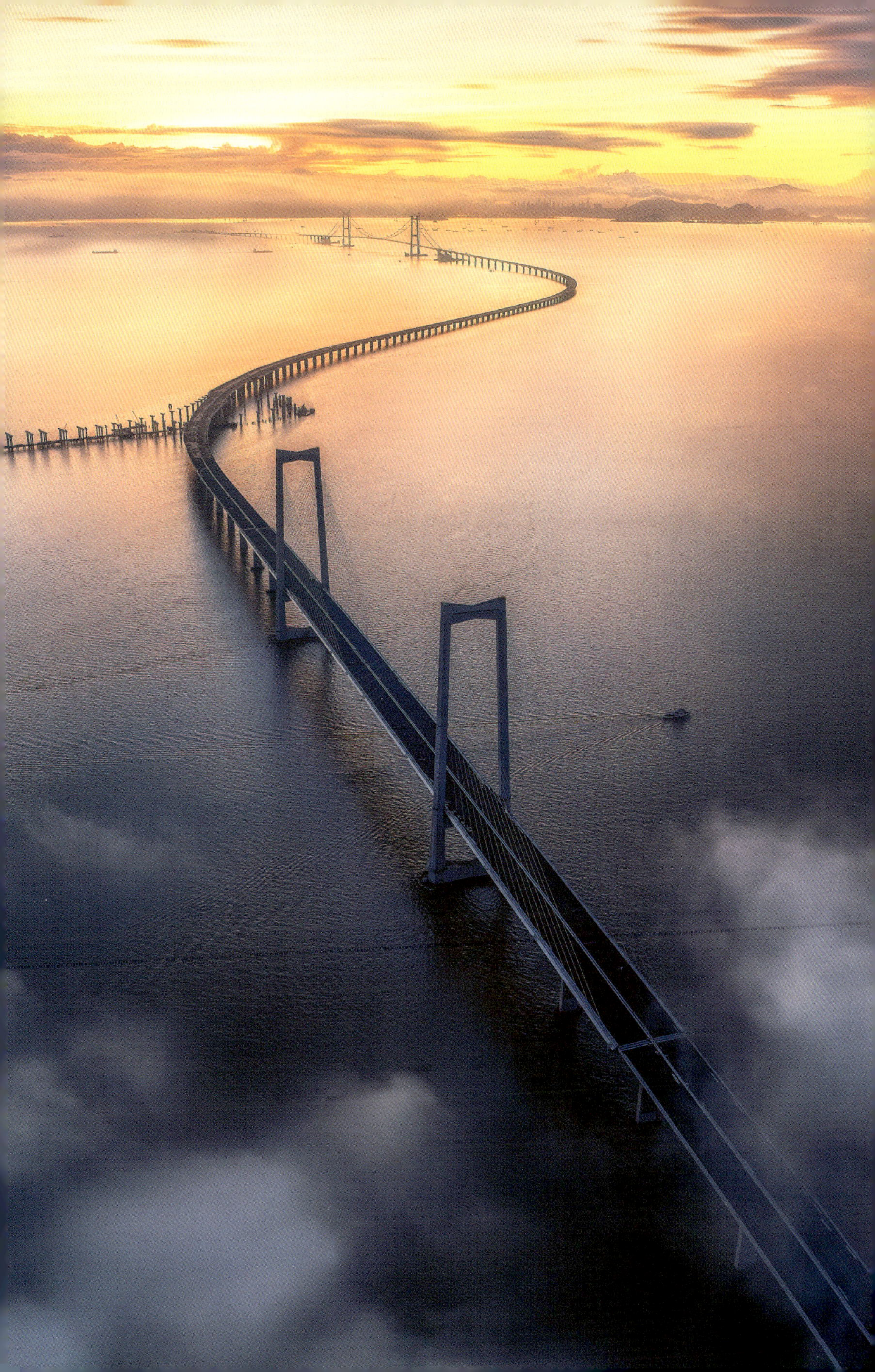

中 国
铁 建

主焊线Ⅱ总成区
Main Body Ⅱ Assembly District

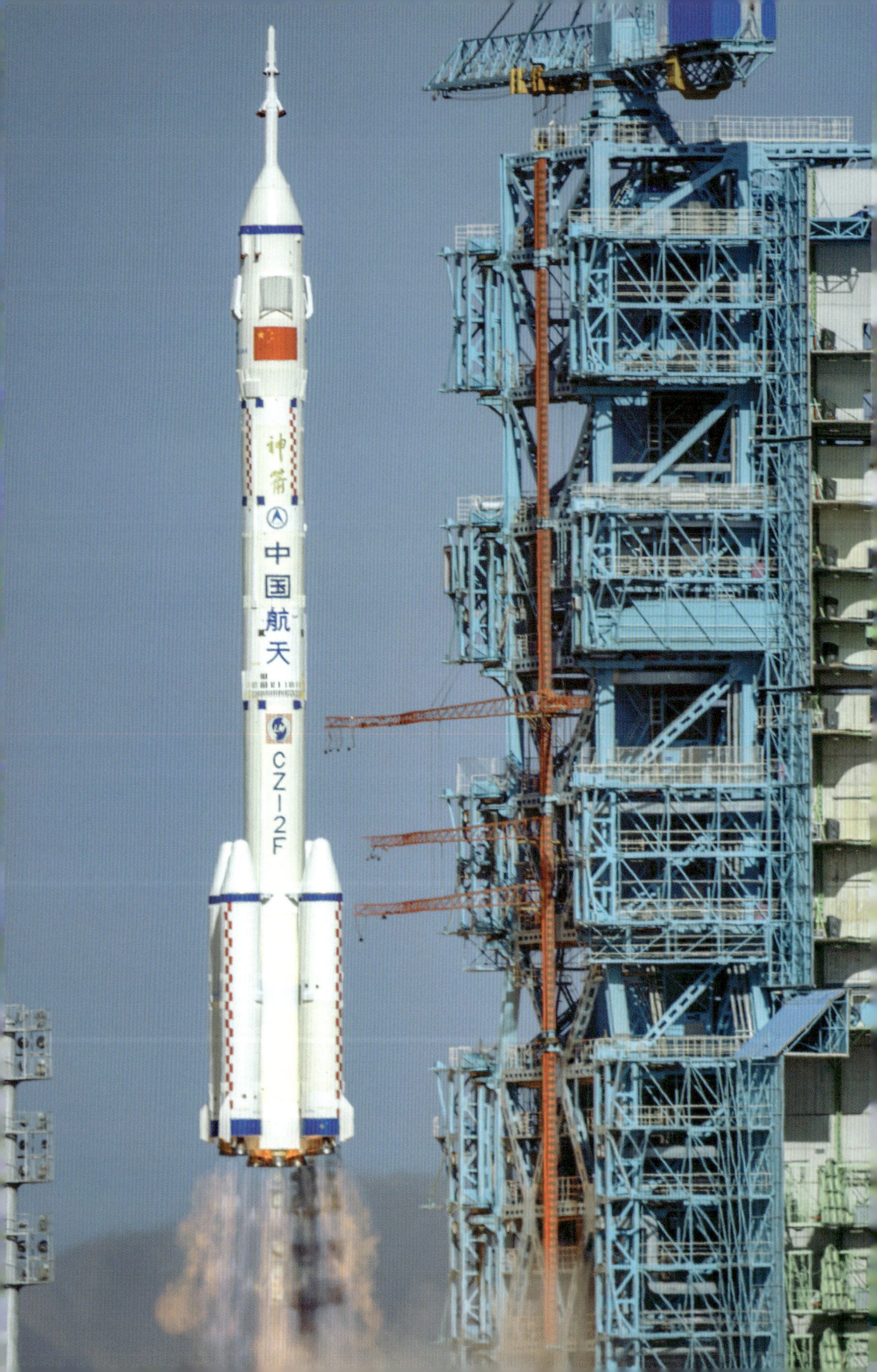
神箭
中国航天
CZ-2F

新质生产力

张占斌 陈晓红 黄群慧 等 —— 著

湖南人民出版社·长沙

前言

2023年9月，习近平总书记在黑龙江省哈尔滨市主持召开新时代推动东北全面振兴座谈会并发表重要讲话，提出"新质生产力"重大概念，指出"积极培育新能源、新材料、先进制造、电子信息等战略性新兴产业，积极培育未来产业，加快形成新质生产力，增强发展新动能"。

新质生产力区别于传统生产力，有着丰富的内涵。新质生产力涉及领域新、技术含量高，依靠科技创新驱动是其中的关键，在经济学角度意味着生产力的跃迁。纵观人类发展史，科技创新始终是一个国家、一个民族发展的不竭动力，是社会生产力提升的关键因素，特别是近年来全球经济增长的新引擎，无一不是由新技术带来的新产业，进而形成的新质生产力。由此可见，新质生产力是科技创新在其中发挥主导作用的生产力，是以高新技术应用为主要特征、以新产业新业态为主要支撑、正在创造新的社会生产时代的生产力。

党的十八大以来，我们党在已有基础上继续前进，不断实现理论和实践上的创新突破,成功推进和拓展了中国式现代化。现在,我们正意气风发迈上全面建设社会主义现代化国家新征程,向第二个百年奋斗目标进军,以中国式现代化全面推进中华民族伟大复兴。我们也要看到,近年来,我国经济发展面临复杂的内外部环境。世界百年未有之大变局加速演进,新一轮科技革命和产业变革深入发展,与我国加快转变经济发展方式形成历史性交汇。同时,世纪疫情影响深远,逆全球化思潮抬头,单边主义、保护主义明显上升,世界经济复苏乏力,局部冲突和动荡频发,全球性问题加剧,世界进入新的动荡变革期。无论是当前提振信心、推动经济回升向好,还是在未来发展和国际竞争中赢得战略主动,根基在实体经济,关键在科技创新,方向是产业升级。推动并形成新质生产力正是贯穿其中的核心问题。

党的二十大报告提出,必须坚持科技是第一生产力、人才是第一资源、创新是第一动力,深入实施科教兴国战略、人才强国战略、创新驱动发展战略,开辟发展新领域新赛道,不断塑造发展新动能新优势。踏上新征程,加快构建新发展格局,推动高质量发展,迫切需要科技创新做好动力引擎、当好开路先锋,加快形成更多新质生产力,为建设现代化产业体系注入强大动力,以此加快实现高水平科技自立自强,支撑引领高质量发展,为全面建设社会主义现代化国家开辟广阔空间。

目 录

上 篇——
新质生产力　指明新方向

发展新质生产力	洪银兴	/003
加快形成新质生产力	周　文	/007
新质生产力是什么？新在哪？	蒋永穆　马文武	/017
提出"新质生产力"的重要意义	赵振华	/024
加快形成新质生产力　增强发展新动能	徐晓明	/032
加快形成新质生产力事关中国式现代化全局	吴　文	/037
新质生产力"新"在何处	胡　莹	/046
准确把握新质生产力的科学内涵和基本特征	谢加书　王宇星	/054
新动能　新治理　新增量	陈　强	/060
正确认识和把握新质生产力	周跃辉	/066
深刻把握"新质生产力"的丰富意蕴	刘文艺　黄　铃	/074
为何提出加快形成新质生产力	周　勇	/082

新质生产力是实现中国式现代化和高质量发展的
重要基础　　　　　　　　　　　　　　　　简新华 / 091

推动新质生产力向更深层次拓展　　　丁明磊　彭思凡 / 098

新质生产力的主要特征与形成机制　　　　　李晓华 / 106

新质生产力的基本意涵、历史演进与实践路径　　魏崇辉 / 116

下 篇——
新质生产力　培育新动能

加快形成新质生产力与推动东北全面振兴　　　张占斌 / 145

以新质生产力增强发展新动能　　　　　　　　余　振 / 161

培育新质生产力　增强发展新动能　　　　　　胡代松 / 169

抓住数字化、智能化这一核心　加速培育新质生产力　彭劲杰 / 176

新质生产力发展河南路径何在　　　　　　　　赵西三 / 184

加强数字技术创新与应用　加快发展新质生产力　戚聿东　徐凯歌 / 191

数字新质生产力推动经济高质量发展的
逻辑与路径　　　　　　　　　　　　任保平　王子月 / 200

深化数字技术创新与应用　加快形成和发展新质生产力　沈坤荣 / 223

加快构建数字产业集群　发展新质生产力　　　杜庆昊 / 229

以新质生产力为高质量发展赋能蓄力　　　　　郭铁成 / 237

建设现代化产业体系　　　　　　　　　　　　史　丹 / 246

加快形成新质生产力　建设现代化产业体系　　黄群慧 / 254

推进现代化产业体系建设　加快形成新质生产力　李　震　蔡宏波 / 262

新质生产力推动中国经济高质量发展　　　　　谢　璐　韩文龙 / 269
加快形成新质生产力的着力点　　　　　　　　　　　蒲清平 / 276
打造新质生产力　推进新型工业化　　　　　　　　　芮明杰 / 289
围绕新制造、新服务、新业态推动新质生产力发展　　黄奇帆 / 296
多维协同发力加快形成新质生产力　　　　　　　　　陈晓红 / 305

新质生产力指明新方向

上篇

发展新质生产力

洪银兴
· 南京大学原党委书记

◎ 新质生产力有个迭代升级过程，既要充分运用当前的新质生产力，又要依靠科技和产业创新培育下一代新质生产力，促进科技创新和产业升级。

◎ 发展新质生产力的现实途径是在科技创新和产业创新深度融合中发展新兴产业和未来产业。新质生产力的现实体现是科技创新的最新成果直接产生战略性新兴产业和未来产业，逐步成为主导产业。

◎ 新质生产力催生的战略性新兴产业，是新兴科技和新兴产业的深度融合，既代表着科技创新的方向，也代表着产业发展的方向。

2023年9月，习近平总书记在黑龙江考察时首次提出"新质生产力"。这一概念的提出是重大的理论创新，需要对其内涵和发展路径进行深入研究。每个经济时代的生产力都有时代特征。发展新质生产力，从一定意义上说是新旧动能的转换。生产力性质和质态有新旧的区别。现阶段各国、各地区的经济竞争可以说是生产力水平的竞争，特别是新质生产力水平的竞争。一方面，生产力是推动社会进步最活跃、最革命的要素；另一方面，一种生产力的作用还没有充分发挥时是不会自动退出的。因此，新质生产力有个迭代升级过程，既要充分运用当前的新质生产力，又要依靠科技和产业创新培育下一代新质生产力，促进科技创新和产业升级。

在宏观上可以把新质生产力概括为新科技、新能源和新产业及其融合发展。就新科技而言，作为新质生产力的新科技属于国际前沿的科技。发展新质生产力，关键是要整合好科技创新资源发展新科技，发展并应用新科技就是培育和发展新质生产力。就新产业而言，新质生产力依托的是新科技，落脚点是新产业。发展新质生产力，不仅要突出科技创新，发展战略性新兴产业，还要超前研究未来科技，提前布局未来产业。就新能源而言，新质生产力包含了新能源和新材料。实现人与自然和谐共生，不是不要发展，而是要建立在绿色发展基础之上的发展。新科技作为新质生产力的关键在其应用，产生新技术、新产业。发展新质生产力的现实途径是在科技创新和产业创新的深度融合中发展新兴产业和未来产业。新质生产力的现实体现是科技创新的最新成果直接产生战略性新兴产业和未来产业，并逐步成为主导产业。这是培育新质生产力的方向。

以新科技为依托的产业创新主要涉及以下几个方面：

一是提升数字经济的新质生产力作用。一方面，数字产业为产业结构整体升级提供新质生产力。另一方面，推动数字经济与实体经济深度融合。首先是与产业深度融合，使各个产业得到数字化改造和智能化转型。其次是与企业深度融合，促进企业运营数字化智能化。再次是与技术创新深度融合，加快数字技术创新，扩大数字技术应用场景。

二是推动产业基础数字化、智能化。当前，我们要打好产业基础高级化、产业链现代化的攻坚战。推动产业基础高级化，需提供数字化、智能化的基础设施和通用技术，需加快与新质生产力互联互通的基础设施建设，打开未来科技和产业发展的新大门。

三是大力培育战略性新兴产业和未来产业。新质生产力催生的战略性新兴产业，是新兴科技和新兴产业的深度融合，既代表着科技创新的方向，也代表着产业发展的方向。我国现代化建设需抓住新一轮科技革命和产业变革的新机遇，着力发展战略性新兴产业，抢占世界科技和产业的制高点。新科技和产业融合的直接影响和重要特征是产业生命周期缩短。今天的战略性新兴产业，明天就可能不新了。未来产业处于产业生命周期的早期，是新兴产业的一种早期形态。随着技术的成熟、扩散，在未来的某个时期会成为对经济具有较强带动作用的主导产业。因此，超前部署和培育未来产业，加快形成新质生产力，能够促进产业的迭代升级。

加快形成新质生产力

周　文
· 复旦大学马克思主义研究院副院长

◎ 生产力是推动社会进步的最活跃、最革命的要素，生产力发展是衡量社会发展的带有根本性的标准。社会主义的根本任务是解放和发展生产力。

◎ 新质生产力是科技创新在其中发挥主导作用的生产力，高效能、高质量，区别于依靠大量资源投入、高度消耗资源能源的生产力发展方式，是摆脱了传统增长路径、符合高质量发展要求的生产力，是数字时代更具融合性、更体现新内涵的生产力。

◎ 新质生产力的提出，是马克思主义生产力理论的发展和创新，是马克思主义政治经济学的中国化时代化。

2023年9月7日，在新时代推动东北全面振兴座谈会上，习近平总书记强调，积极培育新能源、新材料、先进制造、电子信息等战略性新兴产业，积极培育未来产业，加快形成新质生产力，增强发展新动能。9月8日，在听取黑龙江省委和省政府工作汇报时，习近平总书记再次强调，整合科技创新资源，引领发展战略性新兴产业和未来产业，加快形成新质生产力。

一、新质生产力是以科技创新为主导、实现关键性颠覆性技术突破而产生的生产力

按照马克思主义政治经济学基本原理，生产力就是人类改造自然和征服自然的能力。生产力是推动社会进步的最活跃、最革命的要素，生产力发展是衡量社会发展的带有根本性的标准。社会主义的根本任务是解放和发展生产力。在生产力的诸要素中，不但包括人的因素，更包括生产工具和劳动资料。历

史唯物主义认为,物质生产力是全部社会生活的物质前提,同生产力发展一定阶段相适应的生产关系的总和构成社会经济基础。今天,新的物质生产力,正在信息化、智能化等条件下形成。马克思曾说"生产力中也包括科学",邓小平同志也明确指出"科学技术是生产力,而且是第一生产力"。生产力的跃升是一个从量变到质变的过程。当关键性技术实现突破、发生质变,必然引发生产力核心因素的变革,从而产生新质生产力。新质生产力是以科技创新为主导、实现关键性颠覆性技术突破而产生的生产力。没有科技发展的关键性突破,就没有新质生产力——先进科技是新质生产力生成的内在动力。

新质生产力的关键是"新"与"质"。所谓"新",是指不同于一般意义上的传统生产力,是以新技术、新经济、新业态为主要内涵的生产力。所谓"质",是强调把创新驱动作为生产力的关键要素,以实现自立自强的关键性颠覆性技术突破为龙头的生产力跃升。因此,新质生产力是科技创新在其中发挥主导作用的生产力,高效能、高质量,区别于依靠大量资源投入、高度消耗资源能源的生产力发展方式,是摆脱了传统增长路径、符合高质量发展要求的生产力,是数字时代更具融合性、更体现新内涵的生产力。

新质生产力的提出,带来的是发展命题,也是改革命题。生产力是生产关系形成的前提和基础。生产关系是适应生产力发展的要求建立起来的,是生产力的发展形式,它的性质必须适应生产力的状况。与形成新质生产力相适应，要加快围绕创新驱动的体制机制变革，通过不断调整生产关系来激发社会生产力发展活力。新质生产力的提出，是马克思主义生产力理论的发展和创新，是马克思主义政治经济学的中国化时代化。

经济发展离不开科学技术的突破。科学技术的每一次突破，都是推动旧生产力体系逐步瓦解和新质生产力体系逐步形成的动力。当今世界，新一轮科技革命和产业变革深入发展，全球进入一个创新密集时代。哪个国家率先在关键性颠覆性技术方面取得突破，形成新质生产力，哪个国家就能够塑造未来发展新优势，赢得全球新一轮发展的战略主动权。历史的教训、现实的趋势都启示我们，在强国建设、民族复兴的新征程上，我们必须坚定不移推动高质量发展，提高自主创新能力，尽快形成新质生产力，如此才能在激烈的国际竞争中真正掌握发展主动权。

近年来，我国经济发展面临复杂的内外部环境，无论是当前提振信心、推动经济回升向好，还是在未来发展和国际竞争中赢得战略主动，关键都在科技创新，重点在关键性颠覆性技术的突破。2023年7月，习近平总书记在江苏考察时强调，要加强科技创新和产业创新对接，加强以企业为主导的产学研深度融合，提高科技成果转化和产业化水平，不断以新技术培育新产业、引领产业升级。可以说，新质生产力的提出，体现了以科技创新推动产业创新，以产业升级构筑新竞争优势、赢得发展主动权的信心和决心。

具体而言，新质生产力的形成有助于抢占发展制高点。新质生产力的形成和发展，离不开源源不断的技术创新和科学进步作为支撑。要抢占发展制高点，就必须重视基础研究和高新技术研发，加强知识产权保护，推动科技创新。同时要加强国际合作，处理好开放式创新与科技自立自强的关系，吸收全球先进技术和管理经验，提高自主创新能力。

新质生产力的形成有助于培育竞争新优势。在新产业、新业态、新领域、新赛道上，我国已经取得了一定的发展成就，具备了较好的基础和条件，包括在人才、技术、资本等方面积累的优势，以及在市场规模、产业体系等方面的优势。推动形成新质生产力，要求坚持深化改革开放，强化体制机制创新，从而提升产业经济的持续整体竞争力，培育产业竞争新优势。

新质生产力的形成有助于蓄积发展新动能。在当前复杂多变的国内外形势下，推动形成新质生产力，当务之急是千方百计激活创新主体，更为充分发挥企业在科技创新和产业创新中的主体作用，使之成为创新要素集成、创新成果转化的生力军，打造科技、产业、金融等紧密结合的创新体系，从而为实现高质量发展提供强大动力和支撑。

二、以科技创新推动产业创新，以产业升级构筑竞争新优势

改革开放以来，我国的前沿性、基础性、原创性技术创新及其能力已经有了很大提高。但一些发达国家借助自身的技术垄断，不断制造各种冲突和"脱钩"，企图以不公平的手段拖慢我国在新一轮科技革命和产业变革中的发展。可以说，新一轮科技革命和产业变革、大国竞争加剧以及我国经济发展方式转型等重大挑战在当下形成历史性交汇，这也为我们创造了重要的战略机遇。我们必须以科技创新推动产业创新，以产业升级构筑竞争新优势，加快形成新质生产力，抢占发展制高点，赢得发展主动权。具体而言，要从以下几方面下功夫：

加快实现高水平科技自立自强。科学技术通过应用于生产过程、渗透在生产力诸多要素中而转化为实际生产能力，将促进并引起生产力的深刻变革和巨大发展。正如习近平总书记在2023年全国两会上所强调的："在激烈的国际竞争中，我们要开辟发展新领域新赛道、塑造发展新动能新优势，从根本上说，还是要依靠科技创新。"要以国家战略需求为导向，集聚力量进行原创性引领性科技攻关，坚决打赢关键核心技术攻坚战。

健全和完善科技创新体制。"教育、科技、人才是全面建设社会主义现代化国家的基础性、战略性支撑。"党的二十大报告将教育、科技、人才统筹起来考虑，强调三者的有机联系，

通过协同配合、系统集成,共同塑造科技创新的新优势。完善科技创新体制与机制的重大战略部署,是我国建设科技强国的关键一招,也是形成新质生产力的重要环节。当前,要按照党的二十大部署,完善党中央对科技工作统一领导的体制,健全新型举国体制,强化国家战略科技力量,优化配置创新资源,优化国家科研机构、高水平研究型大学、科技领军企业定位和布局,形成国家实验室体系,统筹推进国际科技创新中心、区域科技创新中心建设,加强科技基础能力建设,强化科技战略咨询,提升国家创新体系整体效能。

建设现代化产业体系。新质生产力的核心是创新,载体是产业。离开作为载体的产业,创新就成为无源之水、无本之木。经济发展从来不靠一个产业"打天下",而是百舸争流、千帆竞发,主导产业和支柱产业在持续迭代优化。光伏、新能源汽车、高端装备……这些促进当前经济增长的重要引擎,都是从曾经的未来产业、战略性新兴产业发展而来。当前,我国科技支撑产业发展能力不断增强,为发展未来产业奠定良好基础。要紧紧抓住新一轮科技革命和产业变革机遇,以科技创新为引领,加快传统产业高端化、智能化、绿色化升级改造,培育壮大战略性新兴产业,积极发展数字经济和现代服务业,加快构建具有智能化、绿色化、融合化特征和符合完整性、先进性、安全性要求的现代化产业体系,以产业升级和战略性新兴产业发展推进生产力跃升。

当然，形成新质生产力不可能一蹴而就。在国际科技竞争白热化的今天，在大部分领域实现由"跟跑者"向"并跑者""领跑者"的转变，需要一个相当长的过程。因此，面对纷繁复杂的困难挑战，必须准确识变、科学应变、主动求变，坚定信心、迎难而上、攻坚克难，同时也不要一味地追求奇迹，要保持韧性、耐心和定力，尊重规律，如此才能更好地去创造方法、谋划思路。

三、战略性新兴产业、未来产业将成为生成和发展新质生产力的主阵地

在"十四五"规划纲要里，专门有一章是"发展壮大战略性新兴产业"，其中有一节是"前瞻谋划未来产业"。这一章里提到的战略性新兴产业，包括新一代信息技术、生物技术、新能源、新材料、高端装备、新能源汽车、绿色环保以及航空航天、海洋装备等；提到的未来产业，则包括类脑智能、量子信息、基因技术、未来网络、深海空天开发、氢能与储能等。新时代以来，我国高度重视战略性新兴产业的培育，释放出强劲生产动能。目前，我国新能源汽车生产累计突破2000万辆、工业机器人新增装机总量全球占比超50%、第一批国家级战略性新兴产业集群已达到66家、人工智能核心产业规模达到5000亿元，彰显产业基础好、市场需求大的独特优势。战略性新兴产业、未来产业都具有创新活跃、技术密集、发展前景广阔等

特点，关乎国民经济和社会发展及产业结构优化升级全局。

一切利用新技术提升生产力水平的领域，都属于新质生产力的应用范畴。战略性新兴产业、未来产业和新质生产力紧密关联：战略性新兴产业、未来产业将成为生成和发展新质生产力的主阵地；形成新质生产力可以更好地培育壮大战略性新兴产业，抢占战略性新兴产业制高点，抢占未来产业的新赛道。

与传统产业相比，战略性新兴产业具有高技术含量、高附加值、高成长性、产业辐射面广等特点，是各国经济发展竞争的关键点，更是现代化产业体系的主体力量。需要注意的是，战略性新兴产业与传统产业并不是绝对隔离绝缘的，传统产业不等同于落后产业，强调培育和壮大战略性新兴产业也不是简单化地抛弃传统产业。战略性新兴产业发展高度依赖传统产业作为基础、提供技术支撑。因此要通过形成新质生产力，运用新成果、新技术改造提升传统产业，为战略性新兴产业发展提供强大动能。未来产业是发展新趋势，成长不确定性更大，培育周期也更长。前瞻布局未来产业，就是要先发制人，为新兴产业做好接续储备。

战略性新兴产业和未来产业是大国博弈的重要阵地。贯彻新发展理念，构建新发展格局，实现高质量发展，从根本上说就是要不断突破束缚，促进生产力发展。近年来，各地各部门推进布局前沿技术、培育战略性新兴产业和未来产业的动作不断加快。整合科技创新资源、提高科技成果落地转化率、培育一批新产业集群，需要立足当前、着眼长远，统筹谋划。要积极开展前瞻性顶层设计，尊重产业发展规律，营造有利于创新的产业生态环境，提高研发投入支持力度，提升成果转化率，增强原始创新能力，提升战略性新兴产业的核心竞争力，抢占未来产业发展的制高点，释放更多新质生产力。

推动形成新质生产力的过程中，尤其要处理好政府和市场的关系。习近平总书记强调："把企业作为科技成果转化核心载体，提高科技成果落地转化率。"市场在发现和处理信息上比政府要快，在市场的激励下，大量的企业在新兴技术路线上试错、竞争与合作，进而开发出新技术、新产品、新业态。要优化民营企业发展环境，破除制约民营企业公平参与市场竞争的制度障碍，大力支持有条件的企业加大研发投入力度，支持建设政企联合研究平台载体，鼓励民营领军企业组建创新联合体，强化企业创新主体地位。政府在组织协调上拥有不可比拟的优势。新领域新赛道新产业上重大技术创新面临着很大的风险和不确定性，在基础研究、应用基础研究和人才培养上，政府要加大力度、集中稳定地投入，以产生积累性效果。与此同时，通过规划引领、政策引导、财税支持等方式，将产业链上下游的企业协同起来，从而释放全社会的创新效率。政府有为，市场有效，定将更好助力新质生产力的形成。

新质生产力是什么？新在哪？

蒋永穆·四川大学经济学院院长
马文武·四川大学马克思主义学院副教授

◎ 新质生产力是相对于旧质生产力存在的。某种性质的社会生产力经过量的不断积累发展到一定阶段的末期，便会在内部产生一种新质生产力。

◎ "数字生产力"指通过数字技术融合其他生产要素，创造满足社会需要的物质产品和精神产品，带动国民经济增长的能力，是生产力要素即劳动者、劳动资料和劳动对象"三位一体"的数字化结果。

◎ "绿色生产力"是一种可同时提高生产力水平和环境绩效，实现社会与经济全面发展，从而持续提高人类生活水平的能力。

◎ "蓝色生产力"是通过推进海陆畅通循环，实现海陆资源互补、海陆产业关联，推动海陆经济一体化外溢出的新的社会生产力。

2023年9月，在黑龙江考察期间，习近平总书记提到一个新概念——"新质生产力"。在9月7日召开的新时代推动东北全面振兴座谈会上，习近平总书记指出："积极培育新能源、新材料、先进制造、电子信息等战略性新兴产业，积极培育未来产业，加快形成新质生产力，增强发展新动能。"如何理解新质生产力的内涵和外延、把握新质生产力的本质、推进新质生产力加快形成，是理论和实践首先需要回答的问题。

一、新质生产力的基本内涵

新质生产力是相对于旧质生产力存在的。某种性质的社会生产力经过量的不断积累发展到一定阶段的末期，便会在内部产生一种新质生产力。当这种新质生产力发展到一定程度，便与旧的生产关系发生激烈冲突，最后在多种社会因素的多边合力作用下，产生出一种与新质生产力发展基本相适应的新的生产关系，以此推动社会不断向前发展。

生产力发展是一个有规律可循的过程。从新质生产力的产生和发展过程来看，需要经历孕育—诞生—成长—成熟—蜕变五个环节：孕育指新质生产力的基本要素在生产力系统中开始出现；诞生指新质生产力以全新的产业结构为载体出现在社会生产力系统中；成长指新质生产力在素质和份额上处于迅猛发展状态；成熟指新质生产力在技术基础上已经接近极限，向更高一级的生产力过渡趋势明显；蜕变指生产力已经完成更新换代，新质生产力成为生产力大系统中的主体，旧质生产力要么通过改造、提高融入新质生产力系统之中，要么通过淘汰、排斥变得微不足道甚至消失。

科学技术是新质生产力的先导。纵观人类生产力发展历史，科学技术始终是促进新质生产力产生和发展的关键变量，进而不断催生新兴产业，成为世界各国经济和综合国力竞争的关键角逐点。从发展演进来看，蒸汽技术革命、电力技术革命和数字技术革命是动力源头。从底层逻辑上讲，大力发展新质生产力与"科学技术是第一生产力"的论断是一致的。因此，世界各国特别是大国之间的竞争，归根到底是科学技术的竞争，或者说是在新质生产力发展方面的竞争。

二、新质生产力当前的表现形式

根据新质生产力的基本内涵,结合习近平总书记相关重要论述并联系我国经济发展实际,当前新质生产力的表现形式主要有以下三种。

"数字生产力"——当前数字技术引发的新一轮科技革命,正以前所未有的速度促进新质生产力的产生发展。以数字技术为基础产生的新质生产力主要表现为"数字生产力"。"数字生产力"指通过数字技术融合其他生产要素,创造满足社会需要的物质产品和精神产品,带动国民经济增长的能力,是生产力要素即劳动者、劳动资料和劳动对象"三位一体"的数字化结果。习近平总书记高度重视"数字生产力"发展,深刻指出,互联网、大数据、云计算、人工智能、区块链等技术加速创新,日益融入经济社会发展各领域全过程,各国竞相制定数字经济发展战略、出台鼓励政策,数字经济发展速度之快、辐射范围之广、影响程度之深前所未有,正在成为重组全球要素资源、重塑全球经济结构、改变全球竞争格局的关键力量。这一重要论述,充分说明"数字生产力"对经济社会发展影响之深、作用之大。

"绿色生产力"——在绿色、低碳理念和新能源技术不断发展影响下,"绿色生产力"正加快形成。"绿色生产力"是一种可同时提高生产力水平和环境绩效,实现社会与经济全面发展，从而持续提高人类生活水平的能力。这是在新发展理念指导下，将发展生产力和保护生态环境有机结合、促进产业经济绿色转型、促进人与自然和谐共生中产生的。它要求综合应用适当的生产力和环境管理工具、技术和科技，既可减小组织活动、产品和服务对环境的影响，又可提升收益率和竞争优势，实现社会与经济全面发展和人类生活水平持续提高。习近平总书记指出"绿水青山就是金山银山""保护生态环境就是保护生产力，改善生态环境就是发展生产力"，强调"良好生态本身蕴含着无穷的经济价值，能够源源不断创造综合效益，实现经济社会可持续发展"，这些论述，充分体现了"绿色生产力"的科学内涵。

"蓝色生产力"——依托海洋科技、不断走向深蓝、实现海陆循环，"蓝色生产力"正加快显现。"蓝色生产力"是通过推进海陆畅通循环，实现海陆资源互补、海陆产业关联，推动海陆经济一体化外溢出的新的社会生产力。发展"蓝色生产力"关键在于通过协调海洋与陆地之间的关系。习近平总书记一直高度重视蓝色海洋经济发展，提出"培育壮大海洋战略性新兴产业，提高海洋产业对经济增长的贡献率""推进海洋经济转型过程中急需的核心技术和关键共性技术的研究开发""加快打造深海研发基地，加快发展深海科技事业"等重要论述，为我国发展海洋经济、发展"蓝色生产力"提供了遵循。

三、新质生产力的发展对策

面对激烈国际竞争,我国应抢抓机遇,积极促进新质生产力加快形成,实现我国生产力迭代升级、跨越发展。

加快建设数字中国,提升"数字生产力"。要狠抓数字发展机遇,加强关键数字技术创新应用,激活数据要素潜能,加快建设数字经济、数字社会、数字政府,以数字化驱动生产方式、生活方式和治理方式变革。具体应做到"三个通过":通过"产业数字化"改造我国传统产业,使传统产业形成新的生产力;通过"数字产业化"创造市场新产品、产业新业态、商业新模式;通过"数字化治理"从更基础层面赋能社会经济发展,打通生产、流通、交换和消费各个环节的堵点,使经济社会发展更加畅通便利。

积极构建绿色发展政策制度体系,提升"绿色生产力"。要站在人与自然和谐共生的高度谋划,以体制机制改革创新为核心,健全资源环境要素市场化配置体系,推进生态产业化和产业生态化,推动传统产业高端化、智能化、绿色化,培育绿色低碳的新兴高端制造业。深化生态产品供给侧结构性改革,加快完善政府主导、企业和社会各界参与、市场化运作、可持续的生态产品价值实现路径,培育绿色转型发展的新业态新模式,让良好生态环境成为经济社会持续健康发展的有力支撑。

大力统筹内陆与海洋协调发展,提升"蓝色生产力"。以"一带一路"建设为契机,深化海陆协调,加强海陆循环,积极发展蓝色伙伴关系,积极参与海洋资源保护、开发和利用,积极参与建设现代海洋产业体系,积极参与研发海洋工程、海洋资源、海洋环境等领域的关键核心技术,积极参与海陆一体的综合治理体系,深度参与国际海洋治理机制和相关规则制定与实施,推动建设公正合理的国际海洋秩序,推动构建海洋命运共同体。

提出"新质生产力"的重要意义

赵振华

· 中共中央党校（国家行政学院）经济学教研部主任

◎ 新质生产力就是在当代科技进步条件下新兴产业特别是战略性新兴产业、未来产业所产生的具有新的性质、新的属性的利用自然、改造自然的能力，它既有已经成为战略性新兴产业生长出的新枝，也有未来产业萌发的新芽，是经济发展的新动能。

◎ 未来世界一定会在今天各种"新"产业的基础上产生出更新的能源、更新的材料、更先进的制造和更先进的电子信息以及因颠覆性技术而产生的新产业。

◎ 实现高质量发展就需要在战略性新兴产业和未来产业上深耕细作，加速实现由潜在生产力向现实新质生产力的转化，实现经济发展动力的新旧转换，实现国民经济的旧貌换新颜。

习近平总书记在主持召开的新时代推动东北全面振兴座谈会上极具前瞻性地指出："积极培育新能源、新材料、先进制造、电子信息等战略性新兴产业，积极培育未来产业，加快形成新质生产力，增强发展新动能。""新质生产力"是一个全新的概念。这一概念的提出不仅意味着以科技创新推动产业升级，更体现了未来我国产业发展的方向和经济发展的新动能，为新时代新征程推动东北全面振兴指明了方向，对全国其他地区同样具有重大指导意义。

一、准确理解新质生产力的深刻内涵

生产力是人们改造自然、利用自然的能力，是推动社会进步最活跃、最革命的因素。生产力是历史的，今天的生产力是过去世代积累的结果；生产力又是现实的，表现为庞大的创造社会财富、利用自然、改造自然的能力，同时今天的生产力又是未来生产力的基础。犹如生物体进化，社会发展和进步的过程就是新陈代谢过程，生产力在已有基础上不断地繁衍出新生力量。在传统生产方式下，劳动者、劳动资料、劳动对象是以复制过去为主，生产力发展速度极其缓慢。在原始社会，生产力进步大体以万年甚至十万年为单位来计算；到了农耕社会，生产力进步速度大体以百年为单位来计算；18世纪中后期工业革命以来，生产力进步大体以十年为单位计算；当今社会已经进入信息化时代，生产力进步基本上以年和月为单位计算。早在20世纪60年代提出的摩尔定律显示，集成电路上可以容纳的晶体管数目每经过18个月到24个月就会增加一倍，同时处理器的价格下降一半，就揭示了信息技术进步之快；而今天已经远不止这个速度，完全可以用日新月异、一日千里来形容。但是，无论处于什么时代，生产力的发展都是科技进步和新兴产业推动的自然的和历史的产物。新质生产力就是在当代科技进步条件下新兴产业特别是战略性新兴产业、未来产业所产生的具有新的性质、新的属性的利用自然、改造自然的能力，它既有已经成为战略性新兴产业生长出的新枝，也有未来产业萌发的新芽，是经济发展的新动能。

创造新质生产力的战略性新兴产业和未来产业，具有这样几个特征：

一是具有强大的战略引领力。在带动一个国家或地区经济社会发展方面具有重大引领作用，引导一个国家或地区产业发展方向,形成头雁效应并辐射相关产业,形成具有强大引领力的战略性新兴产业集群。新兴产业未必都是战略性产业,战略性新兴产业既要站在科技进步前沿,又要对经济社会发展具有战略带动作用。

二是具有不可估量的发展潜力。战略性新兴产业不是静态的、停滞的、固定不变的,而是动态的、发展变化的,"新兴"的内涵处于不断衍变过程中。19世纪和20世纪钢铁、石油等都成为不少国家的新兴产业,甚至成为综合国力的重要标志,21世纪,新能源、新材料、智能制造、电子信息等成为衡量一个国家综合国力的重要标志。可以预料,未来世界一定会在今天各种"新"产业的基础上产生出更新的能源、更新的材料、更先进的制造和更先进的电子信息以及因颠覆性技术而产生的新产业。

三是具有显著的竞争优势。战略性新兴产业在很大程度上决定着一个国家或地区的综合国力特别是核心竞争力,国与国之间的竞争一定意义上就是战略性新兴产业的竞争,就是未来产业发展速度和规模的竞争,也就是新质生产力的竞争。战略性新兴产业就是在国际市场竞争中可以出击对手的"拳头",未来产业就是在未来可以形成强大出击力的"拳头"。未来产业虽然处于孕育孵化阶段,但它代表产业发展方向,具有巨大的潜力和高成长性、战略性和先导性,犹如一棵刚破土而出的小松树,必将成长为参天大树。

二、深刻认识加快形成新质生产力的重大意义

新质生产力是经济发展的新起点、新动能，其规模和速度取决于当下，决定着未来。习近平总书记高瞻远瞩，以全球视野来积极谋划新时代东北全面振兴和我国的长远发展，提出了"新质生产力"这一全新的概念，具有极其重要的意义。

要实现高质量发展，必须积极培育战略性新兴产业和未来产业，形成新质生产力。党的二十大报告指出："高质量发展是全面建设社会主义现代化国家的首要任务。"要到2035年基本实现社会主义现代化，到21世纪中叶把我国建成富强民主文明和谐美丽的社会主义现代化强国，客观上要求加快转变发展方式、优化经济结构、转换增长动力，努力推动经济发展质量变革、效率变革、动力变革，提高全要素生产率，实现高质量发展。高质量发展涉及国民经济的各个方面，但最为重要的是战略性新兴产业的幅度和深度。所谓幅度，就是战略性新兴产业覆盖的产业数量。第一次产业革命以蒸汽机的发明和应用为标志，第二次产业革命以电、火车等的发明和应用为标志，第三次产业革命以微电子技术的发展和普遍应用为标志。由此可以看出：过去产业革命基本上聚焦于某一点或者少数点上，覆盖产业范围相对较小；而今天，新一轮科技革命则呈多点爆发，新一代信息技术、人工智能、生物技术、新能源、新材料、高

端装备、绿色环保等覆盖的产业范围越来越广，科技革命已经渗透到经济和社会生活的方方面面，从微观世界到宏观世界，幅度大大拓展。所谓深度，就是战略性新兴产业衍生出来的产业链条越来越长，附加值越来越高，"沿途下蛋"越来越多。因此，实现高质量发展就需要在战略性新兴产业和未来产业上深耕细作，加速实现由潜在生产力向现实新质生产力的转化，实现经济发展动力的新旧转换，实现国民经济的旧貌换新颜。

要在全球激烈竞争中占领制高点，必须积极培育战略性新兴产业和未来产业，形成新质生产力。一方面，要看到经过新中国成立七十多年特别是改革开放四十多年来的快速发展，我国经济总量稳居世界第二，与美国等发达国家的差距也在逐步缩小；另一方面，也要看到我国在科技创新、产业核心竞争力等方面与世界发达国家还有不小的差距，还有不少制约我国经济发展的"卡脖子"技术没有突破，严重依赖国外市场。国与国之间的竞争最为主要的是战略性新兴产业和未来产业形成的新质生产力的竞争，谁占领了战略性新兴产业和未来产业的制高点，谁就是赢家，判断一个国家或地区有没有发展潜力以及未来命运前途的重要标志也是战略性新兴产业和未来产业。因此，积极发展战略性新兴产业和未来产业，加快形成新质生产力，增强发展新动能是赢得国际竞争的制胜之道。

三、加快形成新质生产力的战略选择

一是要充分发挥市场在资源配置中的决定性作用,更好发挥政府作用。马克思主义认为生产力决定生产关系,当生产关系适应生产力发展的要求时就会促进生产力发展,反之,就会阻碍生产力发展。我国生产关系总体上是适应生产力发展要求的,但还需要进一步深化改革,在更大范围更深程度上释放活力。对于政府而言,一方面要提供公平竞争的良好营商环境,特别是法治环境。市场经济本质上是法治经济,平等竞争的环境要胜于任何优惠政策。另一方面,市场竞争既是战略性新兴产业和未来产业发展的压力,又是其发展的动力,要深化市场经济体制改革,完善生产要素市场,优化政府服务,简政放权,放管结合,优化服务改革,减少企业不必要的交易成本。

二是要不断完善战略性新兴产业和未来产业发展规划。发展规划是开放的而不是封闭的,要根据科技进步和产业发展状况及时优化、调整和完善,要完善支持战略性新兴产业特别是未来产业的政策措施。各地区要对产业发展状况特别是对龙头企业进行全面分析和摸底,主动对接国家战略需求,从中选出符合国家产业政策要求的战略性新兴产业和未来产业。

在战略性新兴产业和未来产业的选择上,要力避盲目铺摊子,坚持少而精的原则。要从实际出发制定战略性新兴产业和未来产业发展规划,既要制定共性的支持政策,又要根据企业诉求，"一企一策"制定个性化政策，做大做强战略性新兴产业，特别是对于高成长性的未来产业要给予精准的政策支持，促使其尽快地把潜在生产力转化为现实的新质生产力，要打通制约企业经营发展的堵点和痛点。

三是要培育一大批懂科技、懂资本、懂市场、懂金融的战略企业家。人才是市场竞争的制胜之道。战略性新兴产业和未来产业发展的最大制约因素是人才短缺，特别是缺少"四懂"战略企业家。企业家不是温室中培养出来的，而是在激烈竞争的商战中打拼出来的。当前我国不少企业家具有"单打冠军"的特点，存在懂科技的未必懂市场、懂市场的却不懂金融等问题，而战略性新兴产业和未来产业需要的是"四懂"人才，也就是复合型的战略企业家，政府在培养"四懂"人才方面大有可为，特别是可以为企业家成长提供实战型的学习交流平台。

加快形成新质生产力
增强发展新动能

徐晓明

· 中共中央党校（国家行政学院）习近平新时代中国特色社会主义思想研究中心研究员、科研部中心研究室副主任

◎ 新质生产力是社会发展到更高阶段，生产力水平也随之发展提升而呈现的新质态，表现为更具发展内涵、潜力和优势。

◎ 新质生产力形成的关键在于推进科技创新。科学技术通过应用于生产过程、渗透在生产力诸多要素中而转化为实际生产能力，将促进并引起生产力的深刻变革和巨大发展。

◎ 新质生产力塑造的核心在于培育战略性新兴产业。战略性新兴产业是引领未来发展的新支柱、新赛道。

◎ 贯彻新发展理念，构建新发展格局，实现高质量发展，从根本上说就是要不断突破束缚，促进和发展生产力。

"新质生产力"是习近平总书记在黑龙江考察期间提出的一个令人耳目一新的词语。习近平总书记指出，整合科技创新资源，引领发展战略性新兴产业和未来产业，加快形成新质生产力。在随后召开的新时代推动东北全面振兴座谈会上，习近平总书记再提"新质生产力"这一概念，强调指出，积极培育新能源、新材料、先进制造、电子信息等战略性新兴产业，积极培育未来产业，加快形成新质生产力，增强发展新动能。"新质生产力"这一概念的提出和阐释，为我们增强发展新动能、构筑经济发展新引擎、塑造高质量发展新优势提供了重要指引。

区别于传统生产力，新质生产力具有丰富的内涵。从本源看，生产力是具有劳动能力的人和生产资料相结合而形成的改造自然的能力；而新质生产力不仅是指劳动能力，还包含创新能力。从经济学视角看，新质生产力是以科技创新为主导、符合高质量发展的生产力，以高效能、高质量为突出特征，代表着生产力发展水平实现了新的跃迁。从社会学视角看，生产力是人们改造自然的能力，生产力即社会生产力，也称为"物质生产力"。伴随社会发展的不同阶段，生产力水平呈现出不同的质态。新质生产力是社会发展到更高阶段，生产力水平也随之发展提升而呈现的新质态，表现为更具发展内涵、潜力和优势。从哲学视角看，生产力是对发展变化的力量的概括和总结规范。生产力包括劳动者、劳动资料、劳动对象三要素，还包含着科学技术，其中任何要素的发展应用，都会引起生产力的变化甚至变革。新的生产要素的组合对新质生产力的形成起决定性作用。

新质生产力形成的关键在于推进科技创新。科学技术通过应用于生产过程、渗透在生产力诸多要素中而转化为实际生产能力，将促进并引起生产力的深刻变革和巨大发展。党的二十大报告提出，必须坚持科技是第一生产力、人才是第一资源、创新是第一动力，深入实施科教兴国战略、人才强国战略、创新驱动发展战略，开辟发展新领域新赛道，不断塑造发展新动能新优势。当前，我国在载人航天、探月探火、深海深地探测、超级计算机、卫星导航、量子信息、核电技术、大飞机制造、生物医药等领域取得一系列重大创新成果，战略性新兴产业不断发展壮大，已进入创新型国家行列。实施创新驱动发展战略，加快实现高水平科技自立自强，需要我们集聚力量进行原创性、引领性科技攻关，坚决打赢关键核心技术攻坚战，加快实施一批具有战略性、全局性、前瞻性的国家重大科技项目，不断增强自主创新能力，从而以科技创新不断推动生产力发展水平的提高，加快形成新质生产力，全面推动高质量发展。

新质生产力塑造的核心在于培育战略性新兴产业。战略性新兴产业是引领未来发展的新支柱、新赛道。新时代以来，我国高度重视战略性新兴产业的培育，勇于开辟新领域、新赛道，加快打造支柱产业，在战略性新兴产业领域实现了一系列新突破，释放出强劲生产动能。目前，我国新能源汽车生产累计突破 2000 万辆、工业机器人新增装机总量全球占比超 50%、超高清视频产业规模超过 3 万亿元、第一批国家级战略性新兴产业集群已达到 66 家，彰显产业基础好、市场需求大的独特优势。2023 年上半年，我国电动载人汽车、太阳能电池、锂电池等"新三样"产品，合计出口同比增长 61.6%，拉动整体出口同比增长 1.8 个百分点；全国高技术产业投资增长 12.5%，高出全部固定资产投资 8.7 个百分点。当前，我国战略性新兴产业增加值，在国内生产总值中占比已超过 13%，战略性新兴产业发展势头强劲。

澎湃发展新动能，需要我们结合自身优势，抢抓战略机遇，坚定不移推动产业转型升级发展，将培育壮大战略性新兴产业作为高质量发展的主攻方向。瞄准新能源汽车、新材料、高端装备制造、电子信息、数字科技等重点新兴产业，以"起步即冲刺"的精气神，加快建设具有世界影响力的科技创新中心，布局一大批高技术产业落地，加快科技成果转化和产业技术创新，集中力量打造新兴产业集群。不断打造原始创新策源地和产业创新高地，以务实举措推动战略性新兴产业快速发展，以新产业塑造新质生产力，培育经济发展新引擎，夯实经济高质量发展的基础支撑。

贯彻新发展理念，构建新发展格局，实现高质量发展，从根本上说就是要不断突破束缚，促进和发展生产力。加快建设以实体经济为支撑的现代化产业体系，着力推动产业迈向智能化、绿色化、融合化，以产业升级和战略性新兴产业发展推进生产力提高，加快形成新质生产力，必能激活发展新动力、增强发展新动能，为中国式现代化建设提供强大支撑。

加快形成新质生产力
事关中国式现代化全局

吴 文
· 北京大学习近平新时代中国特色社会主义思想研究院研究员

◎ 新质生产力是中国特色社会主义进入新时代的显著标志，是经济高质量发展的基本动力，是稳固新发展格局的根本保障，是马克思主义中国化时代化理论新飞跃的实践硕果，彰显了中国特色社会主义的制度优势。

◎ 生产力的发展是解决社会主要矛盾的基石，新质生产力正是出现在发展不协调不平衡的场景，促进整体的再平衡。

◎ 发展为了人民、发展依靠人民、发展成果由人民共享，这是中国推进改革开放和社会主义现代化建设的根本目的，也是我们发展新质生产力的根本目的。

进入新时代以来，我们发展壮大包括新一代信息技术、生物技术、新能源、新材料、高端装备、新能源汽车、绿色环保、航空航天、海洋装备等在内的战略性新兴产业，谋划布局包括类脑智能、量子信息、基因技术、未来网络、深海空天开发、氢能与储能等在内的未来产业，有力推动了互联网、大数据、人工智能和实体经济深度融合，加快促成了三次产业的数字化、网络化、智能化。神舟飞天、蛟龙入海、嫦娥奔月、墨子传信、北斗组网、天眼巡空、天问探火，新质生产力正在我国持续涌现。

加快形成新质生产力，事关中国式现代化全局。新质生产力是中国特色社会主义进入新时代的显著标志，是经济高质量发展的基本动力，是稳固新发展格局的根本保障，是马克思主义中国化时代化理论新飞跃的实践硕果，彰显了中国特色社会主义的制度优势。

一、谁能够更大程度地释放创新动能，谁就能够更快地促使新质生产力的形成，引领世界发展

创新是一个国家、一个民族发展进步的不竭动力。当今世界，要素数量驱动的外延型经济增长模式已进入瓶颈期，创新驱动的内涵型经济发展模式有望推动全球经济走向复苏。与此同时，全球科技创新也进入空前密集活跃期，新一轮科技革命和产业变革正在重构全球创新版图、重塑全球经济结构。谁能够更大程度地释放创新动能，谁就能够更快地促使新质生产力的形成，引领世界发展。我们必须坚持科技是第一生产力、创新是第一动力、人才是第一资源，深入实施科教兴国战略、人才强国战略、创新驱动发展战略，开辟发展新领域新赛道，塑造发展新动能新优势，厚植新质生产力的生长土壤。

因此，我们要加快建设高质量教育体系，发展素质教育，加强基础学科、新兴学科、交叉学科建设；深化教育领域综合改革，完善学校管理和教育评价体系，弘扬新时代教育家精神。我们要完善科技创新体系，坚持创新在我国现代化建设全局中的核心地位，健全新型举国体制，强化国家战略科技力量，优化配置创新资源；深化科技体制改革，深化科技评价改革，弘扬科学家精神，培育创新文化，营造创新氛围。我们要集聚力量进行原创性引领性科技攻关，坚决打赢关键核心技术攻坚战，

增强自主创新能力；强化企业科技创新主体地位，发挥科技型骨干企业引领支撑作用，提高科技成果转化和产业化水平。我们要培养造就大批德才兼备的高素质人才，尊重劳动、尊重知识、尊重人才、尊重创造；深化人才发展体制机制改革，建设规模宏大、结构合理、素质优良的人才队伍，充分发挥人在创新中的能动因素，提升驾驭新质生产力的能力。

二、新质生产力出现在发展不协调不平衡的场景，可促进整体的再平衡

协调是社会经济持续健康发展的内在要求，是社会主义生产关系与生产力的关键优势。协调发展理念注重发展的整体效能，通过抑制"木桶效应"机制，实现生产力的精准均衡发展，补齐短板，化解掣肘。马克思主义向来注重协调理念。马克思在论述协作的作用时就指出："单个劳动者的力量的机械总和，与许多人手同时共同完成同一不可分割的操作……所发挥的社会力量有本质的差别。"由此可见，在微观生产劳动场景中，协调本身就是生产力的来源。在产业层面，马克思主义政治经济学揭示了生产部类间的有机结构平衡和价值交换协调对于经济平稳发展的作用。在原理层面，马克思主义告诉我们，物质生产是社会历史发展的决定性因素，但生产关系也可以反作用于生产力，上层建筑也可以反作用于经济基础，因此生产力的

发展必须和生产关系的变革相协调。用马克思主义指导发展新质生产力，要求我们必须具备系统观，把生产力和生产关系的矛盾运动同经济基础和上层建筑的矛盾运动结合起来观察，把社会基本矛盾作为一个整体来观察，用普遍联系的思维把握新质生产力的生长规律，让新质生产力成为协调性的发展力量。

生产力的发展是解决社会主要矛盾的基石，新质生产力正是出现在发展不协调不平衡的场景，促进整体的再平衡。我们要通过发展新质生产力，在空间上协调好局部和全局的关系，在时间上协调好当前和长远的关系。我们要在供给侧结构性改革和需求侧层次性提升的统筹协调过程中，促进新型工业化、信息化、城镇化、农业现代化同步发展，平衡布局新质生产力的生长空间，在新的发展水平上实现协调发展。

三、加快形成新质生产力意味着要加快生产力的绿色转型

绿色发展是生态文明建设的必然要求，代表了当今科技和产业变革方向，是最有前途的发展领域。人类生产生活必须尊重自然、顺应自然、保护自然，否则就会受到大自然的报复。恩格斯在批判生产的资本逻辑时曾告诫："我们不要过分陶醉于我们人类对自然界的胜利。对于每一次这样的胜利，自然界都对我们进行报复。"新质生产力是绿色的生产力，意味着我

们对生产力的理解要从"人类改造自然的能力"上升为"人与自然和谐共生的能力",跳出主体客体二分法的对立思维框架,进入天人合一的和谐理念境界。绿色的新质生产力,意味着我们对自然规律的认识更加深入,从而能更自觉地以规律指导行动,从必然王国逐渐进入自由王国,使人类能在工业文明的基础上迈向发达的生态文明。

我们坚持绿色发展,就要摒弃损害甚至破坏生态环境的发展模式,摒弃以牺牲环境换取一时经济增长的短视做法。我们要顺应当代科技革命和产业变革大方向,抓住绿色转型带来的巨大发展机遇,依靠科技创新破解绿色发展难题,自觉地推动绿色发展、循环发展、低碳发展。在处理发展和减排的关系时,我们要统筹谋划,在降碳的同时确保能源安全、产业链供应链安全、粮食安全,确保群众正常生活。加快形成新质生产力也就意味着要加快生产力的绿色转型,我们应发挥绿色金融的牵引作用,支持制造业绿色改造,引导实体经济向更加绿色清洁的方向发展,让良好生态环境成为经济社会可持续发展的支撑。

四、新质生产力之"新"不仅在国内范围,更在国际范围

开放带来进步,封闭导致落后。社会主义建设要吸收人类一切文明之精华,必须坚持开放。以开放促改革、促发展,是

我国发展不断取得新成就的重要法宝，是推动我国生产力进步的重要机制。新质生产力之"新"不仅是指在国内范围，更是指在国际范围。中国的发展离不开世界，世界的发展也离不开中国。形成新质生产力的最优生产要素汇合聚变是在国际范围内进行的。在全球化、信息化、网络化深入发展的条件下，创新要素更具有开放性、流动性，不能关起门来搞创新。要坚持"引进来"和"走出去"相结合，积极融入全球创新网络，全面提高我国科技创新的国际合作水平。我们要坚持开放包容，拆除一切阻碍生产力发展的藩篱，引导推动全球化健康发展，让资金和技术更自由地流动，实施更开放的创新人才引进政策，聚天下英才而用之。

经济全球化表面上看是商品、资本、信息等在全球广泛流动，但本质上主导这种流动的力量是人才，是科技创新能力。我们要增强引领商品、资本、信息等全球流动的能力，增强参与全球经济、金融、贸易规则制定的实力，在更高水平上开展国际经济和科技创新合作。我们正积极推动建设开放联动型世界经济，凝聚世界范围内的先进生产要素的互动合力，拓宽全球经济的共同发展空间。我们通过共建"一带一路"等开放型生产建设，推动世界经济互联互通，这不仅是修路架桥，不单是平面化和单线条的联通，更是全方位、立体化、网络状的大联通，是生机勃勃、群策群力的开放系统。新质生产力的开放性意味着中国必将更好地发挥世界经济引擎的作用。

五、新质生产力的共享性要求科技进步遵循普惠路径

发展为了人民、发展依靠人民、发展成果由人民共享,这是中国推进改革开放和社会主义现代化建设的根本目的,也是我们发展新质生产力的根本目的。我们常将生产力发展主要视为提升效率的手段,而将公平问题主要交给分配政策来解决。而马克思主义政治经济学的高明之处正在于将"生产、分配、流通、消费"各环节视为一个循环互嵌的联系过程。在社会主义条件下,共享不仅关乎分配,也关乎生产力发展。工人阶级是我国的领导阶级,是我国先进生产力和生产关系的代表,是我们党最坚实最可靠的阶级基础,是全面建成小康社会、坚持和发展中国特色社会主义的主力军。发展成果共享将最大程度地调动生产主体的积极性,推动生产力革新。

新质生产力的共享性要求科技进步遵循普惠路径。我们要聚焦重大疾病防控、食品药品安全、人口老龄化等重大民生问题,大幅增加公共科技供给,让人民享有更宜居的生活环境、更好的医疗卫生服务、更放心的食品药品;要依靠科技创新建设低成本、广覆盖、高质量的公共服务体系;要加强普惠和公共科技供给,发展低成本疾病防控和远程医疗技术,实现优质医疗卫生资源普惠共享;要发展信息网络技术,消除不同收入人群、不同地区间的数字鸿沟,努力实现优质文化教育资源均等化。

共享的新质生产力必将促进全民共享更加全面、推动全体人民共同富裕取得更为明显的实质性进展。

新质生产力"新"在何处

胡 莹

·中山大学马克思主义学院教授

◎ 新质生产力,特点在"新",关键在"质",落脚在"生产力"。新质生产力突破了传统的经济增长方式,以高效能、高质量为基本要求,以数字化、网络化、智能化为基本特征。

◎ 新质生产力的提出,不仅意味着以科技创新推动产业创新,更体现了以产业升级构筑新竞争优势、赢得发展的主动权。形成新质生产力,关键在培育形成新产业。

◎ 发展新质生产力,是新时代我国在激烈的全球竞争中取得优势的关键,是我国实现高水平科技自立自强,进入创新型国家前列的必然要求。

加快形成新质生产力有助于提高我国的自主创新能力、培育我国在全球竞争中的新优势，提升全球发展的公平性、有效性和包容性，将增进人民福祉、实现人的全面发展作为出发点和落脚点，让数字化发展成果更好地造福各国人民。

习近平总书记在黑龙江主持召开新时代推动东北全面振兴座谈会时强调："积极培育新能源、新材料、先进制造、电子信息等战略性新兴产业，积极培育未来产业，加快形成新质生产力，增强发展新动能。"那么，什么是新质生产力？其"新"在何处？

一、新质生产力：推进现有生产力的新跃升

生产力是人类在生产实践中形成的改造和影响自然以使其适合社会需要的物质力量。生产力是人类社会生活和全部历史

的基础，人类社会的发展演变离不开生产力的提高和变化。党的十九大报告作出了"我国经济已由高速增长阶段转向高质量发展阶段"的科学论断。党的二十大报告进一步指出："高质量发展是全面建设社会主义现代化国家的首要任务。"创新、协调、绿色、开放、共享的新发展理念，全面体现了我国经济高质量发展的内在要求。新质生产力是符合高质量发展要求的生产力，是数字时代更具融合性、更体现新内涵的生产力。

新质生产力有别于传统生产力，是现有生产力的跃升，涉及领域新、技术含量高，依靠创新驱动是其中关键。传统生产力条件下的经济增长主要依靠大量的资源投入，依靠高度消耗的资源能源。新质生产力中的"新"，指的是新技术、新模式、新产业、新领域、新动能；新质生产力中的"质"，指的是物质、质量、本质、品质；新质生产力中的"生产力"是推动社会进步的最活跃的要素，社会主义的根本任务就是解放和发展社会生产力。新质生产力，特点在"新"，关键在"质"，落脚在"生产力"。新质生产力突破了传统的经济增长方式，以高效能、高质量为基本要求，以数字化、网络化、智能化为基本特征。

新质生产力的核心在创新。党的二十大报告中指出："必须坚持科技是第一生产力、人才是第一资源、创新是第一动力，深入实施科教兴国战略、人才强国战略、创新驱动发展战略，开辟发展新领域新赛道，不断塑造发展新动能新优势。"新质生产力以科技创新为引擎，以新产业为主导，以产业升级为方向，以提升核心竞争力为目标，融合人工智能、大数据等数字技术，更强调内在的发展质量，在激发质量变革、效率变革、动力变革中，走出一条生产要素投入少、资源配置效率高、资源环境成本低、经济社会效益好的高质量发展路径。

随着数字经济的发展，数据生产力成为新质生产力的重要表现之一。数据生产力是一种新型的生产力，本质是实现人的解放和全面发展。数据生产力是知识创造者在"数据+算力+算法"定义的世界里，借助智能工具，基于能源、资源及数据这一新的生产要素，构建的一种认识、适应和改造自然的新能力。在数据生产力的驱动之下，人类大规模协作的广度和深度都迈上了一个新台阶。从人机互联到万物互联，从人工智能到区块链，人类正在重建外部世界信息感知、传播、获取和利用体系，重构分工协作的基础设施。数据信息在组织内部的管理监督以及外部的交易协作中成本不断降低，科层结构正在被瓦解，产消者不断出现。人类社会已经从工业社会的协作生产体系演进到数亿人的合作，产业分工不断深化。

二、新质生产力：实现高质量发展的新动能

发展理念是对发展的本质性认识，对发展实践起着根本性的指导作用。党的十八大以来，中国共产党人在坚持和继承党

的发展观的基础上，深刻总结国内外发展经验教训、深入分析我国发展面临的新形势新特点、紧密结合中国特色社会主义建设的新实践新要求，在党的十八届五中全会上明确提出了"创新、协调、绿色、开放、共享"的新发展理念。创新发展注重的是解决发展动力问题，协调发展注重的是解决发展不平衡问题，绿色发展注重的是解决人与自然和谐发展问题，开放发展注重的是解决发展内外联动问题，共享发展注重的是解决社会公平正义问题。针对我国发展中的突出矛盾和问题而提出的新发展理念集中反映了我们党对经济社会发展规律认识的深化。新发展理念为全面高质量发展提供了理论指导，只有以新发展理念为衡量标准，才能推动经济发展的质量变革、效率变革和动力变革，从而为开创中国特色社会主义新局面夯实基础。

科技创新引领高质量发展，加快实现高水平科技自立自强，是推动高质量发展的必由之路。高质量发展是能够很好满足人民日益增长的美好生活需要的发展，是体现新发展理念的发展，是创新成为第一动力、协调成为内生特点、绿色成为普遍形态、开放成为必由之路、共享成为根本目的的发展。新质生产力不仅为东北振兴课题提供了解决方案，而且释放了驱动高质量发展的新动能。习近平总书记在黑龙江考察调研期间提出新质生产力，是基于东北地区的经济转型发展、创新驱动发展和区域协调发展等多重考量，为东北地区乃至全国创新发展进一步明晰行动方向。随着我国经济进入新发展阶段，振兴东北地区日益成为区域协调发展的重要任务。新质生产力正是实现东北经济转型发展和创新发展所需要的牵引力量，有利于促进区域协同创新、资源共享和优势互补等。从人工智能、工业互联网到大数据，纵观近年来全球经济增长的新引擎，无一不是由新技术带来的新产业，进而形成的新生产力。新质生产力的持续发展将促进人力资源提质。人才是推动新质生产力形成的智力来源，也是新质生产力持续发展的结果。高质量发展离不开源源不断的技术创新和科学进步作为支撑。重视基础研究和高新技术研发，加强知识产权保护，推动科技创新，有利于抢占发展制高点。

发展新质生产力要求积极培育新兴产业和未来产业，以科技创新引领产业全面振兴，带动新经济增长点不断涌现。新质生产力的提出，不仅意味着以科技创新推动产业创新，更体现了以产业升级构筑新竞争优势、赢得发展的主动权。形成新质生产力，关键在培育形成新产业。战略性新兴产业代表新一轮科技革命和产业变革的方向，是培育发展新动能、获取未来竞争新优势的关键领域，如节能环保、新一代信息技术、生物、高端装备制造、新能源、新材料和新能源汽车等。推动传统产业与新兴产业协同发展，是当前我国发展新质生产力迫切需要解决的重大课题。发展新质生产力并不意味着对传统产业的忽视。我国传统产业与新兴产业协同发展的融合面，主要是指资源要素、结构、空间格局和市场等方面的协同融合。随着数字经济的发展，产业融合成为培育新质生产力的新动力。营造良好的数字生态有助于集合行业上下游相关企业、行业科研机构和政府公共部门等创新力量，为战略性新兴产业融合集群的发展打造"数据空间"。

三、新质生产力：培育全球竞争的新优势

新质生产力将为提升我国的全球竞争力构建持久动力。当前，全球科技创新进入密集活跃时期，新一代信息、生物、能源、材料等领域颠覆性技术不断涌现，呈现融合交叉、多点突破态势。加快形成新质生产力，发挥科技创新的增量器作用，加大源头性技术储备，积极培育未来产业，有利于加强国际合作，处理好开放式创新与科技自立自强的关系，吸收全球先进技术和管理经验，提高自主创新能力。随着科技的迅猛发展，全球范围内的科技竞争已经成为各国关注的焦点。人工智能、数字经济、区块链技术、生物技术和网络安全将成为科技竞争的重要领域。各国需要加大科技创新力度，提升自身科技实力，以应对日益激烈的全球科技竞争，并在这一竞争中赢得更多发展机遇。发展新质生产力，是新时代我国在激烈的全球竞争中取得优势的关键，是我国实现高水平科技自立自强，进入创新型国家前列的必然要求。

数字经济将成为全球经济竞争的核心。随着信息技术的革

命，数字经济正在崛起，成为各国经济增长的新动力。互联网、大数据、云计算等技术正深刻改变着各行各业的商业模式和运营方式。未来，数字经济将成为全球经济竞争的核心，各国将通过发展数字经济来提升自身竞争力。跨国数字寡头公司通过筑起数字生态壁垒形成了瓜分全球产业链的数字寡头同盟，逐渐在全球经济、文化和政治生活中发挥决定性的作用。世界各国应积极推动完善数字空间国际规则，打造数字生态合作形态，共享数字化发展成果，加快构建数字空间命运共同体。习近平总书记强调："让更多国家和人民搭乘信息时代的快车、共享互联网发展成果。"加快形成新质生产力有助于提高我国的自主创新能力、培育我国在全球竞争中的新优势，提升全球发展的公平性、有效性和包容性，将增进人民福祉、实现人的全面发展作为出发点和落脚点，让数字化发展成果更好地造福各国人民。

准确把握新质生产力的科学内涵和基本特征

谢加书·华南理工大学马克思主义学院教授
王宇星·华南理工大学马克思主义学院博士研究生

◎ 自工业革命以来，人类又经历了数次科技革命，生产力以前所未有的速度和规模发展，为新质生产力的形成和发展进行了量的积累。在这个过程中，科学技术在生产力发展中的地位和作用越来越大。

◎ 生产力全要素在高新科技作用下获得总体跃升，极大提升了生产效率，促进了生产力的发展，加速了社会财富的积累和创造。整体而言，加快形成新质生产力，有助于促进人的自由全面发展。

◎ 新质生产力是以高新科技创新驱动内涵式发展的，是面向世界科技前沿、面向经济主战场、面向国家发展需求、面向人民美好生活的社会生产力新形态。

习近平总书记在黑龙江考察时提到一个令人耳目一新的词语——"新质生产力"。新质生产力的提出，为我国抓住新一轮科技革命历史机遇、引领发展战略性新兴产业和未来产业提供了指南，是实施创新驱动发展战略、抢占未来发展制高点、构筑大国竞争新优势的突破口和支撑点，是推动经济高质量发展的必然选择。

一、新质生产力是在继承和发展传统生产力基础上形成的

生产力是人类改造自然，使其适应社会需要的物质力量。马克思指出："生产力，即生产能力及其要素的发展。"生产力主要包括劳动者、劳动对象和劳动资料三个基本要素。从人类生产力发展史来看，在农业经济时代，虽经数千年的发展，但是劳动者的劳动素质和技能总体较低，劳动对象和劳动资料

相对简单，人类的生产力比较低下。蒸汽机的发明和使用，使得以生产工具为核心的劳动资料出现了巨大变革，资本主义社会生产效率极大提升。"资产阶级在它的不到一百年的阶级统治中所创造的生产力，比过去一切世代创造的全部生产力还要多，还要大。"

自工业革命以来，人类又经历了数次科技革命，生产力以前所未有的速度和规模发展，为新质生产力的形成和发展进行了量的积累。在这个过程中，科学技术在生产力发展中的地位和作用越来越大。结合工业革命时期的实践和此后很长一段时间来看，经济发展更多是外延式发展，主要依赖于要素的扩大投入，这种发展模式使人和自然的关系极度紧张，也不具有可持续性。中国共产党高度重视科学技术在促进生产力发展中的作用，邓小平同志在改革开放初期就提出："科学技术是第一生产力。"党的十八大以来，习近平总书记进一步指出："科技是第一生产力、人才是第一资源、创新是第一动力。"如今在前述基础上，总书记提出"加快形成新质生产力"，为推进中国式现代化指明了生产力发展的方向。

二、新质生产力是以高新科技驱动内涵式发展的生产力新形态

随着生态、数据等生产要素的融入，传统生产力的内涵和

外延不断丰富和发展。其中,数字技术是通用技术,对新质生产力的形成影响巨大。数字技术正以新理念、新业态、新模式全面融入人类经济、政治、文化、社会、生态文明建设各领域和全过程,给人类生产生活带来广泛而深刻的影响。包括数字技术在内的高新科技融入生产力的三个基本要素,即劳动者、劳动对象、劳动资料,出现了大批新业态、新职业,产生了"平台企业"等新的劳动组织形式,形成了"众包"等新的劳动方式,"算法"等新的劳动工具对生产劳动过程和效果产生了巨大影响。生产力全要素在高新科技作用下获得总体跃升,极大提升了生产效率,促进了生产力的发展,加速了社会财富的积累和创造。整体而言,加快形成新质生产力,有助于促进人的自由全面发展。

一是劳动者高新科技化。劳动者是生产力的能动要素,也是最重要的要素,劳动者的劳动素质和劳动技能直接决定了生产力的发展。科学技术是第一生产力,不仅体现为高新科技开发、融入劳动资料和劳动对象等方面,更体现在提升劳动者的劳动素质和劳动技能等方面。劳动者只有掌握必要的高新科技知识和劳动技能,才能驱动高新科技化的劳动对象和劳动资料。在互联网经济时代,数据是新的生产要素,是基础性资源和战略性资源,也是重要生产力。当数据成为劳动对象、算法成为劳动工具时,劳动者必然需要具备一定的数字素养,掌握一定的数字技能。能够操作、控制、维护数字技术和设备,成为新时代新质生产力劳动者的标配。

二是劳动对象高新科技化。劳动对象是指人们通过自身劳动进行加工使其成为能够满足社会需要的那部分物质资料，也是物质生产的前提，劳动只有与劳动对象相结合，才能创造社会财富。劳动对象是人类活动对象化发展的产物，直接体现了时代的生产力发展水平，不同的生产力水平有不同的劳动对象，同时，劳动对象的质与量也制约着生产力的发展水平。随着高新科学技术的发展，人类劳动对象发生了极大的变化。这体现为传统劳动对象的高新技术化，尤其是数智化，如传统材料的纳米研究等，同时又出现了新材料、新能源、数据等新的劳动对象。伴随着科技创新的推进，人工智能、生物技术等领域的发展，劳动对象的范围和领域不断扩大。数据等新型劳动对象在各行各业中广泛渗透，"浩瀚的数据海洋就如同工业社会的石油资源"，当数据被有效收集、整理、分析、挖掘和处理后，可释放出巨大的生产力效能。

三是劳动资料高新科技化。劳动资料是人们在劳动过程中作用于劳动对象的物质资料或条件。马克思指出："各种经济时代的区别，不在于生产什么，而在于怎样生产，用什么劳动资料生产。"21世纪以来，人工智能等数字技术加快发展，传统劳动资料与数智化劳动资料融合升级，数智化放大、叠加传统劳动资料的性状，极大提升了劳动效率。劳动资料的核心是劳动工具，所以劳动资料高新科技化的核心是劳动工具的数智化。传统机械为主的生产工具发生颠覆性变化，出现工业化和数智化融合发展，劳动工具具有虚拟与真实交织共在性，既包括高速泛在、天地一体、云网融合、智能敏捷、绿色低碳、安全可控的智能化综合性数字信息基础设施，也包括现代计算中心和数据处理中心、电子信息设备设施和各种通信工具等通用性设备，还包括适用于不同领域、行业和群体的商业软件、硬件设施和应用。并且，算法等新型劳动工具极大地改变了劳动组织形式和劳动方式，大工业时代的劳动过程从物理空间的流水线式、机械化流程向依托数字空间的平台化、生态化、共享化、远程化生产协作转变，劳动组织方式从标准化向个性化延展、从集中式向分布式转型，产品生产由同质化向多样化、定制化拓展，从而促进了生产的线上线下有机结合、数字经济与实体经济有机融合，产供销、服务和消费一体化发展，极大地提高了劳动生产率，降低了生产成本。

新质生产力是以高新科技创新驱动内涵式发展的，是面向世界科技前沿、面向经济主战场、面向国家发展需求、面向人民美好生活的社会生产力新形态。新质生产力的提出，丰富发展了马克思主义生产力理论的内涵，为新时代全面推进我国经济持续健康高质量发展，整合科技创新资源，引领发展战略性新兴产业和未来产业，提供了科学理论指导和行动指南。

新动能　新治理　新增量

陈　强
· 同济大学经济与管理学院教授

◎ 从历次科技革命和产业变革的演进过程看，新的生产力形成发端于重大科学发现和技术突破，纠缠于新动能与既有生产关系及社会结构的冲突和弥合，成就于面向经济社会全领域的能量释放，是一个复杂的系统过程。

◎ 新质生产力要从"小荷才露尖尖角"，与日俱进发展成为推动经济社会发展的磅礴动力，必须破除思想藩篱和制度屏障，对生产方式和社会关系进行彻底再造。

◎ "新"与"质"辩证统一于新质生产力的形成过程，涉及输入、过程及输出，分别对应新动能、新治理和新增量，共同指向高质量发展。

习近平总书记在黑龙江考察调研期间指出，整合科技创新资源，引领发展战略性新兴产业和未来产业，加快形成新质生产力。其中，关于"新质生产力"的提法意味深长，令人耳目一新。

从历次科技革命和产业变革的演进过程看，新的生产力形成发端于重大科学发现和技术突破，纠缠于新动能与既有生产关系及社会结构的冲突和弥合，成就于面向经济社会全领域的能量释放，是一个复杂的系统过程。因此，对于新质生产力内涵的理解，可以从新动能、新治理、新增量三个维度展开。

一、新动能

回顾人类历史，生产力的每一次巨大跃升都以一系列开创性的重大科学发现，以及由此引发的集成式技术突破为先导。16—17世纪，以哥白尼的"日心说"、牛顿的经典力学为代表的科学革命拉开帷幕,催生了以蒸汽机广泛使用为标志的第一次工业革命,机械力全面取代生物力,生产效率得到极大程度的提升;19世纪,达尔文的进化论、麦克斯韦的电磁场理论、施莱登和施旺的细胞学说、迈尔的能量守恒定律将科学革命再次推向高潮,引发了以电力发明和使用、内燃机大范围应用为标志的第二次工业革命,大规模集中式的生产成为可能;20世纪以来,以爱因斯坦的相对论和量子力学为代表的科学革命掀起了以电子计算机、航天技术、生物科技为标志的第三次工业革命,人类社会的生产力再次驶上快车道。

习近平总书记指出,新一轮科技革命和产业变革正在孕育兴起,一些重要科学问题和关键核心技术已经呈现出革命性突破的先兆。近年来,新一代信息技术、先进制造技术、新材料技术、新能源技术、生物技术等呈现快速密集突破趋势,人工智能、物联网、大数据、区块链、量子计算等构成的新技术体系正成为催动新一轮产业变革的核心动力引擎。显然,新质生产力的"新"与科技创新的领域和方向密切相关。

一个区域能否形成新质生产力,关键取决于"源"与"策"两个方面。一是建源成效。主要指在"四个面向"的特定领域,是否形成了包括高水平大学和研究机构、高等级研究平台、战略科学家、科技人才和高技能人才、金融资本等在内的必要物质技术基础。二是施策水平。主要表现在是否能够依托已有条件和能力,快速形成科技创新的体系化能力,引领战略性新兴产业发展，发挥其在经济增长中的中流砥柱作用，并未雨绸缪，提前做好未来产业布局。

二、新治理

历史经验表明，在新动能的形成和发展过程中，既有的生产关系将陆续显露出诸多不适应的症状，从微观层面的工厂布局、制造流程、生产组织和管理体系，到中观层面的公司治理、区域协同和产业生态，再到宏观层面的发展理念、制度供给和资源配置，都需要重新建构。因此，新质生产力的"新"不仅指向科学新发现、技术新发明和产业新方向，还关乎发展新理念。

新质生产力要从"小荷才露尖尖角"，与日俱进发展成为推动经济社会发展的磅礴动力，必须破除思想藩篱和制度屏障，对生产方式和社会关系进行彻底再造。对于新质生产力的认识必须深度嵌入新型生产关系，做好相关的趋势研判和态势分析，不断深化对于科技和产业发展规律的认识。

一要跟踪基础前沿领域的科学研究动态，捕捉蕴含巨大战略价值，可能引致产业变革的"弱信号"，积极开展前瞻性布局；二要密切关注科学研究范式、科技创新模式的迭代演进，及时调整建源和施策的方向和重点；三要深刻认识科技创新要素的内涵演化，以及开发利用方式的新动向，抢占新型要素开发利用的制高点；四要把握好知识生产、传播、转化的新规律，因势而谋，顺势而为，构建与新质生产力相匹配的知识供给体系。

三、新增量

毋庸置疑，新质生产力的"质"指的是高质量发展。当新型生产关系逐步建构起来，新动能与新的生产组织关系和社会结构趋于适配，互动越来越平稳顺畅，区域和产业叠加的科技创新"核爆点"陆续被激发，新质生产力推动高质量发展的增量效应将充分显现出来。

新质生产力创造的新增量既指向数量增长，更强调质量提升，具体体现在三个方面：一是通过数字化、智能化、绿色化的生产方式，全面推升全要素生产率和资源节约率，提高社会生产和经济增长的质量和效益，实现人与自然的和谐统一；二是缓解发展中的不平衡、不充分问题，满足人民群众日益增长的美好生活需要，提升其获得感、幸福感和安全感，推动物质文明与精神文明协调发展；三是深化国际科技和产业合作，运筹全球高等级创新要素和生产要素，推动创新链和产业链高效耦合，面向重大疾病防治、重大灾害治理、重大气候变化等各国共同关切问题，创造增量市场，稳定全球产业链和供应链，增进人类共同福祉。

从系统视角观察，"新"与"质"辩证统一于新质生产力的形成过程，涉及输入、过程及输出，分别对应新动能、新治理和新增量，共同指向高质量发展。只要坚持把科技创新摆在国家发展全局的核心位置，持续增强科技创新治理效能，就一定可以将科技创新塑造的新动能，通过科学有效的治理，不断转化为高质量发展的新增量。

正确认识和把握新质生产力

周跃辉
· 中共中央党校（国家行政学院）经济学部研究员

◎ 新质生产力"新"在依靠与以往截然不同的科学技术，依靠具有更高人力资本积累的劳动者，依靠能够显著提高生产力的新机器、新设备。

◎ 科技创新是百年未有之大变局中的一个关键变量，谁牵住了科技创新这个"牛鼻子"，谁走好了科技创新这步先手棋，谁就能占领先机、赢得优势，反之，则会造成发展动力衰减。

◎ 科技革命是产业革命的基础，产业革命反过来又促进科技革命的演化。科技创新的广度、深度、速度和精度不断深入，由此带来战略性新兴产业和未来产业的快速跃升。

"积极培育新能源、新材料、先进制造、电子信息等战略性新兴产业,积极培育未来产业,加快形成新质生产力,增强发展新动能。"习近平总书记在黑龙江考察调研期间,提到一个令人耳目一新的词语——"新质生产力"。新质生产力作为一个新的经济学概念,引起了理论界和政策界的高度关注。如何理解新质生产力的内涵和外延,把握新质生产力的本质,提出促进新质生产力提升的政策选择,是理论和实践必须回答的问题。

一、深刻认识新质生产力的内涵和外延

生产力是马克思主义政治经济学的一个核心范畴,其基本含义为人们征服自然、改造自然的能力,表示人们在生产过程中对自然界的关系,它和生产关系是社会生产不可分割的两个方面。

马克思主义政治经济学基本原理认为，生产力一般包括两个方面最重要的要素：一是具有一定科学技术知识、生产经验和劳动技能的劳动者，二是同一定的科学技术相结合的、以生产工具为主的劳动资料。由此可见，生产力可以再进一步区分为三个更为基本的要素：劳动者、科学技术以及生产工具。尤其是科学越来越广泛运用于人类的生产，通过对生产力各个要素的作用，促进或决定生产力的发展。从这个意义上讲，科学技术是第一生产力。正如马克思所强调的：生产力是社会生产中最活跃、最革命的因素。

那么，何为"新质生产力"？《辞海》对"新"字的解释为初次出现的，与"旧"相对，此外还有一种含义，为"改旧"或"更新"之意。"新质"是否可以这样理解，与原来截然不同的性质。由此，我们可对"新质生产力"下一个定义，即与原来性质截然不同的改造自然的能力。

这种能力来自于与原来截然不同的劳动者、科学技术和劳动工具。这里的劳动者是指掌握了现代科技技能，及具有高水平人力资本积累的现代生产者；这里的科学技术是指能够极大促进人类改造自然能力的新知识、新技巧、新工艺、新方法等；而劳动工具则是指能够显著提高社会生产力的新机器、新设备等。当然，新质生产力这三大要素，起主导作用的是科学技术，科学技术的载体是劳动者，科学技术的运用必须要有劳动工具的参与。

纵观人类历史，科学技术始终是促进生产力产生和发展的关键变量，进而不断催生新兴产业，成为世界各国经济和综合国力竞争的关键角逐点。从发展演进来看，蒸汽技术革命、电力技术革命和数字技术革命是动力源头。从底层逻辑上讲，大力发展新质生产力与"科学技术是第一生产力"的论断是一致的。因此，世界各国特别是大国之间的竞争，归根到底是科学技术的竞争，或者说是在生产力发展方面的竞争。

由此，我们可以得出结论，新质生产力"新"在依靠与以往截然不同的科学技术，依靠具有更高人力资本积累的劳动者，依靠能够显著提高生产力的新机器、新设备。综合具备这些特征的生产力，正是包括新能源、新材料、先进制造、电子信息等战略性新兴产业，以及生命科学、航空航天、量子信息等未来产业，这些产业将会极大地解放和促进人类生产力的发展。

二、把握好与科技、人才、产业的关系

生产力作为推动社会进步最活跃、最革命的因素，其中，科技、人才、产业是最为关键的要素。这里的产业，就是指广泛使用新机器、新设备，能够极大推动社会生产力发展的行业，比如战略性新兴产业、未来产业等。

科技进步是实现新质生产力提升的关键。科技创新是百年未有之大变局中的一个关键变量，谁牵住了科技创新这个"牛

鼻子"，谁走好了科技创新这步先手棋，谁就能占领先机、赢得优势，反之，则会造成发展动力衰减。党的十八大以来，以习近平同志为核心的党中央把科技创新摆在国家发展全局的核心位置。新时代新征程，我们要坚持把国家和民族发展放在自己力量的基点上，充分认识实现高水平科技自立自强对增强我国发展竞争力和持续力的决定性意义。科技自立自强不仅是发展问题更是生存问题，以高水平科技自立自强的"强劲筋骨"支撑民族复兴伟业，这是面向未来的必然选择甚至是不二选择。

高素质人才是实现新质生产力提升的支撑。当前，世界产业能力竞争、高科技能力竞争、市场能力竞争空前激烈，国际政治形势也更加复杂，而应对这一系列时代挑战的决定性力量就是人才的力量。在新科学、新技术革命、新型城市化、新全球格局出现的条件下，人才的竞争成为了时代的主旋律。在中国人民全面建成小康社会，取得世界瞩目的伟大成就，开始进入国际发展的前沿阵地，向高科技驱动、高质量发展、创造高生活水平的新标准进行冲刺的时候，要想实现新质生产力新的跃升，人才为本、人才驱动、人才引领的重要性就更加凸显出来。

战略性新兴产业和未来产业是实现新质生产力提升的抓手。科技革命是产业革命的基础，产业革命反过来又促进科技革命的演化。科技创新的广度、深度、速度和精度不断深入，由此带来战略性新兴产业和未来产业的快速跃升。我们可以看到，颠覆性创新不断涌现，各国竞相布局新领域新赛道，围绕未来科技制高点的竞争空前激烈。比如，在量子信息、干细胞、脑科学、类脑芯片等未来创新和产业方向，我们必须取得一批具有国际影响力的重大原创成果，才有可能实现新质生产力的全面提升。当然，这需要我们统筹基础研究、应用基础研究、技术创新、成果转化、产业化、市场化全链条各环节，为构建现代化产业体系注入强大活力。

三、加快提升新质生产力的四个举措

第一，加快原创性技术策源地建设。加强战略规划计划统筹，对科技发展战略目标、重大政策、重大工程、中长期和年度工作安排等作出科学部署，一张蓝图绘到底；加强科技创新资源统筹，在创新主体、创新资源、创新环境等方面持续加大统筹力度，加强科技资金、人才队伍、科研基础设施的统筹，提升国家创新体系整体效能；加强科技政策统筹，聚焦科技自立自强，把党中央关于科技工作的决策部署细化实化为具体政策举措，形成系统完整的科技政策体系；注重发挥国家实验室引领作用、国家科研机构建制化组织作用、高水平研究型大学主力军作用和科技领军企业"出题人""答题人""阅卷人"作用；强化企业科技创新主体地位，支持企业更大范围参与国家重大科研攻关任务，提高科技成果转化和产业化水平，为提升新质生产力打下坚实科技基础。

第二，深入实施人才强国战略。要坚持尊重劳动、尊重知识、尊重人才、尊重创造，实施更加积极、更加开放、更加有效的人才政策，着力形成人才国际竞争的比较优势；加快建设国家战略人才力量。深化人才发展体制机制改革，把各方面优秀人才集聚到党和人民事业中来；坚持以人民为中心发展教育，加快建设高质量教育体系，发展素质教育，促进教育公平。加快义务教育优质均衡发展和城乡一体化，优化区域教育资源配置，强化学前教育、特殊教育普惠发展，坚持高中阶段学校多样化发展，完善覆盖全学段学生资助体系。推进教育数字化，建设全民终身学习的学习型社会、学习型大国；中国发展需要世界人才的参与，中国发展也为世界人才提供机遇。必须着眼高精尖缺，坚持需求导向，用好全球创新资源，精准引进急需紧缺人才，加快建设世界重要人才中心和创新高地。

第三，加快发展战略性新兴产业和未来产业。加快人工智能、生物制造、物联网、车联网、绿色低碳等战略性新兴产业创新发展，做好前沿技术研发和应用推广，不断丰富和拓展新的应用场景，培育一批新的增长引擎；实施先进制造业集群发展专项行动，在重点领域培育一批各具特色、优势互补、结构合理的先进制造业集群；研究制订未来产业发展行动计划，加快谋划布局人形机器人、元宇宙、量子科技等未来产业；围绕制造业重点产业链，找准关键核心技术和零部件薄弱环节，深入实施关键核心技术攻关工程，完善"揭榜挂帅"等市场化机制，集中优质资源合力攻关,加快突破一批产业链短板瓶颈;扎实开展强链补链稳链行动,坚持全国一盘棋,促进产业链上下游、大中小企业协同攻关,不断丰富产业生态,促进全产业链发展。

第四,实行新一轮更高水平的对外开放。我们必须树立全球视野,全面谋划全方位对外开放大战略,以更加积极主动的姿态走向世界,坚持实施更大范围、更宽领域、更深层次对外开放,以国际循环提升国内大循环的效率和水平,以国外先进生产力的科技和人才,助推中国更高水平的经济发展。具体而言,既要持续深化商品、服务、资金、人才等要素流动型开放,又要稳步拓展规则、规制、管理、标准等制度型开放,还要利用好国内国际两个市场两种资源,加强联动效应,使国内市场和国际市场更加联通、国内外资源更优配置,提升企业的全要素生产率和国际竞争力,以更好地促进中国新质生产力提升。

深刻把握"新质生产力"的丰富意蕴

刘文艺·暨南大学马克思主义学院副教授
黄　铃·暨南大学马克思主义学院硕士研究生

◎ 新质生产力是创新驱动的生产力,区别于依靠大量资源投入、高度消耗资源的生产力发展方式,是摆脱了传统增长路径、符合高质量发展要求的生产力,是数字时代更具融合性、更体现新内涵的生产力,代表了社会生产力演化中的一次巨大跃升。

◎ 科学技术的每一次突破,都是推动"旧质生产力"的瓦解和"新质生产力"逐步形成的动力,都会引起经济社会发展动力的重大转换。

◎ 产业升级是指产业结构的改善和产业素质与效率的提高,而新质生产力的形成恰恰是一个要素质量提升和资源配置效率改善的过程,推进社会生产力的总体跃升,必须以产业升级为现实路径、为前进路向。

习近平总书记在黑龙江主持召开新时代推动东北全面振兴座谈会时强调，积极培育新能源、新材料、先进制造、电子信息等战略性新兴产业，积极培育未来产业，加快形成新质生产力，增强发展新动能。

新质生产力，代表了生产力演化中的一次能级跃升，彰显了赢得发展主动权的动力引擎，锚定了推动经济新发展的主导力量，指明了构筑竞争新优势的主攻方向，有着极其丰富的意蕴。

一、新质生产力是实现能级跃升的生产力

马克思主义认为，生产力是人类改造自然和征服自然的能力。生产力是推动社会进步的最活跃的、最革命的要素，是人类社会赖以生存和发展的基础，是人类历史发展的最终决定力量，没有生产力的发展就没有社会的进步。社会主义的根本任务是解放和发展社会生产力。

党的十八大以来，习近平总书记赋予发展生产力以全新的内涵，指出要把转方式、调结构放在更加突出的位置上，实现我国社会生产力水平总体跃升。

在当前中国经济走到了从数量扩张的外延式增长转向主要依靠科技进步的内涵式发展的关键节点上，提出"新质生产力"概念，意义重大且深远，体现了我们党以科技创新推动产业创新，以产业升级构筑竞争优势、赢得发展主动权的信心和决心。改革开放以来，我国创造了令世界瞩目的经济增长速度，被誉为"中国奇迹"。进入新时代，我国社会主要矛盾发生变化，经济发展不能再一味地追求速度"快"，而要转向质量"好"。

对经济发展质量"好"的追求，使得全靠要素驱动的老路难以为继，要求我们必须及早转入创新驱动发展轨道，发挥创新驱动在生产力中的关键作用，促进生产力核心要素的变革，从而产生新质生产力。相比于传统生产力，新质生产力涉及领域新、技术含量高，依靠创新驱动是重中之重。所以说，新质生产力是创新驱动的生产力，区别于依靠大量资源投入、高度消耗资源的生产力发展方式，是摆脱了传统增长路径、符合高质量发展要求的生产力，是数字时代更具融合性、更体现新内涵的生产力，代表了社会生产力演化中的一次巨大跃升。

二、新质生产力是以科技创新为引擎的生产力

科技创新是生产力发生根本跃升、生成新质生产力的动力引擎。科学技术以一种不可逆转、不可抗拒的力量推动人类社会向前发展，每一次科技革命都会带来生产力的大解放、大跃升，创造出人类历史上意想不到的奇迹。从18世纪第一次工业革命中的蒸汽机技术，到19世纪第二次工业革命中的电力技术、内燃机技术，再到20世纪第三次工业革命中的计算机、互联网技术等，这些革命性技术引领的宏大变革性力量，改变了人类对于资源、动力、材料和信息等基础要素的利用方式，提升了人类的生产力，颠覆了已有的生产方式，重构了人类的生活方式。

可见，科学技术的每一次突破，都是推动"旧质生产力"的瓦解和"新质生产力"逐步形成的动力，都会引起经济社会发展动力的重大转换。当今世界，随着新一轮科技革命和产业变革深入发展，生产力的"质态"将会被重塑。哪个国家率先在关键性颠覆性技术领域取得突破，形成新质生产力，哪个国家就能赢得全球新一轮发展的战略主动权。

实现经济高质量发展，需推动经济发展质量变革、效率变革、动力变革。在"三大变革"中，质量变革和效率变革是目标和结果，动力变革则是抓手和关键。唯有实现动力变革，才能推动质量优化和效率提升，而动力变革的实质就是社会生产力的能级跃迁。

那如何实现动力变革呢？除了科技创新别无他路。适应和引领我国经济发展新常态，要靠科技创新转换发展动力。如果科技创新搞不上去，发展动力就不可能实现转换，我们在全球竞争中就会处于下风。科技创新之所以有助于发展动力转换，促进新质生产力的形成，提高社会整体生产力水平，是因为科技不仅可以直接转化为现实生产力，而且可以通过科技的渗透作用放大各生产要素的生产力。进一步说，科技创新是提高社会生产力和综合国力的战略支撑，只有牢牢抓住科技创新这个"牛鼻子"，不断推进科技创新，不断解放和发展社会生产力，不断提高劳动生产率，加速形成新质生产力，才能实现经济社会持续健康发展。由此可见，新质生产力之"新"源自科技创新，新质生产力是以科技创新为内生动力的生产力。

三、新质生产力是以新产业为主导的生产力

产业是经济之本，是生产力变革的载体及其具体表现形式。离开了产业，技术创新也就成了无源之水、无本之木，生产力变革也将因此失去其基本支撑。经济发展从来不靠一个产业"打天下"，而是百舸争流、千帆竞发，靠主导产业和支柱产业持续迭代优化。新质生产力的形成过程，就是对产业体系进行系统化重建的过程。当前充满活力的海洋产业、新能源汽车、数字经济等新产业，无一不是由新技术带来的新产业，进而形成

的新质生产力。

习近平总书记多次强调新技术新产业之间的内在联系。2020年在考察浙江期间，习近平总书记指出，要抓紧布局数字经济、生命健康、新材料等战略性新兴产业、未来产业，大力推进科技创新，着力壮大新增长点、形成发展新动能。2023年7月，习近平总书记在江苏考察时，同样指出要加强科技创新和产业创新对接，加强以企业为主导的产学研深度融合，提高科技成果转化和产业化水平，不断以新技术培育新产业。2023年9月在黑龙江考察期间，习近平总书记再次指出，积极培育新能源、新材料、先进制造、电子信息等战略性新兴产业，积极培育未来产业，加快形成新质生产力，增强发展新动能。

把"战略性新兴产业""未来产业"与"新质生产力"相关联，一方面说明我们要以5G、大数据、云计算等为代表的第四次工业革命为发展契机，不失时机地培育"新产业"；另一方面说明，"战略性新兴产业""未来产业"将成为生成和发展"新质生产力"的主阵地，形成"新质生产力"，要加速培育"新产业"。"战略性新兴产业""未来产业"在"新质生产力"生成中的主导地位，决定了它们也将成为大国博弈的重要阵地。这要求我们要积极开展前瞻性顶层设计，尊重产业发展规律，营造有利于创新的产业生态环境，提高研发投入支持力度，提升成果转化率，增强原始创新能力，提升战略性新兴产业的核心竞争力，抢占未来产业发展的制高点，释放更多新质生产力。

四、新质生产力是以产业升级为方向的生产力

产业升级与新质生产力生成紧密相连。产业升级是指产业结构的改善和产业素质与效率的提高，而新质生产力的形成恰恰是一个要素质量提升和资源配置效率改善的过程，推进社会生产力的总体跃升，必须以产业升级为现实路径、为前进路向。

在产业升级的过程中，必须处理好传统产业与新兴产业之间的关系。与传统产业相比，新兴产业因其高技术含量、高附加值、高成长性、产业辐射面广等特点，成为各国经济发展竞争的关键点和现代化产业体系的主体力量。需要注意的是，新兴产业与传统产业并不是绝对隔离绝缘的，传统产业不等同于落后产业，强调培育和壮大新兴产业也不是简单化地抛弃传统产业。这意味着加速形成新质生产力，培育新兴产业，高度依赖传统产业作为基础、提供技术支撑。所以，在论及东北全面振兴之路时，习近平总书记特别指出，要以产业升级为方向，立足现有产业基础，扎实推进先进制造业高质量发展，加快推动传统制造业升级，发挥科技创新的增量器作用，全面提升三次产业，不断优化经济结构、调整产业结构。这意味着，以产业升级为导向，实现传统产业和新兴产业协同发展是当前我国发展新质生产力的必由之路。

关于传统产业与新兴产业的协调发展及融合之路，习近平

总书记强调，要在重点领域提前布局，全面提升产业体系现代化水平，既巩固传统优势产业领先地位，又创造新的竞争优势。传统制造业是现代化产业体系的基底，要加快数字化转型，推广先进适用技术，着力提升高端化、智能化、绿色化水平。

随着数字经济的快速发展，数字生态将不断趋好，这不仅有助于集合行业上下游相关企业、行业科研机构和政府公共部门等的创新力量，为战略性新兴产业融合集群的发展打造"数据空间"，还有助于促进传统产业升级，催生新产业新业态新模式，从而赋能新质生产力的演化生成。

为何提出加快形成新质生产力

周 勇
· 中国社会科学院数量经济与技术经济研究所研究员

◎ 要摆脱全球发展困境需要生产力的新变革，加快形成新质生产力既是中国应对当前自身发展问题的新思路，更是中国关于全球发展的新创见。

◎ 当前在生产力基础上再提新质生产力，是马克思主义生产力理论的进一步时代化，紧扣了时代矛盾和挑战。

◎ 新质生产力是对生产力这一关系经济社会发展全局的核心命题，提出的中国之问，作出的中国之答。

◎ 新质生产力要促进产业发展，并在产业发展中发展自己，支柱性产业、战略性新兴产业和未来产业都是新质生产力发展的体现和结果。

习近平总书记在黑龙江考察期间,连续两次提到一个新词语——"新质生产力",让人眼前一亮的同时,也传递着许多鲜明信号。什么是新质生产力?为什么现在提出新质生产力?为什么在东北提?让我们一起打开这些问号。

一、新质生产力提出的背景

全球发展面临困境,需要生产力新变革。党的二十大报告指出,世纪疫情影响深远,逆全球化思潮抬头,单边主义、保护主义明显上升,世界经济复苏乏力,局部冲突和动荡频发,全球性问题加剧,世界进入新的动荡变革期。全球问题往往伴随各国发展的矛盾而出现,发达国家需要进一步提升发展水平,发展中国家也有自身的发展要求。发展能力不足是引发全球危机的重要根源,经济增长乏力甚至形势恶化尤其可能加剧全球风险。要摆脱全球发展困境需要生产力的新变革,加快形成新质生产力既是中国应对当前自身发展问题的新思路，更是中国关于全球发展的新创见。

传统生产方式难以为继，生产力发展需要由粗放向高质量转型。粗放式生产的本质是生产力无序发展，主要体现在两个方面，亟需通过发展体现高质量要求的新质生产力着力解决。一是牺牲环境换发展。习近平总书记在2023年7月召开的全国生态环境保护大会上强调，我国生态环境保护结构性、根源性、趋势性压力尚未根本缓解。我国经济社会发展已进入加快绿色化、低碳化的高质量发展阶段，生态文明建设仍处于压力叠加、负重前行的关键期。必须以更高站位、更宽视野、更大力度来谋划和推进新征程生态环境保护工作，谱写新时代生态文明建设新篇章。二是供给侧问题严重。落后产能、过剩产能实质是传统产能的无序扩张，都是生产力发展的不健康方式。化解产能问题的关键是调结构，本质上是按新质生产力的要求调生产力结构；加快形成新动能的根本是创新，本质上是发展新质生产力。习近平总书记指出："以科技创新开辟发展新领域新赛道、塑造发展新动能新优势，是大势所趋，也是高质量发展的迫切要求，必须依靠创新特别是科技创新实现动力变革和动能转换。"发展新质生产力就是要实现生产力由量到质转型，由重规模扩张到更重内涵建设。

需求水平提升，需要发展能够带来高品质生活的生产力。当前我国社会主要矛盾是人民日益增长的美好生活需要和不平衡不充分的发展之间的矛盾，应紧紧围绕这个主要矛盾推进各项工作。对于生产力这一关系经济社会发展的核心要素，也要推动其适应生活方式转型、需求品质提高的新要求。习近平总书记在主持十九届中央政治局第五次集体学习时提出，"要着眼于满足人民日益增长的美好生活需要，贯彻新发展理念，着力解决发展不平衡不充分的问题，提高发展质量，不断提高人民生活品质、生活品位，让发展成果更多更公平惠及全体人民""不断朝着全体人民共同富裕迈进"。进入新时代，提高生活品质作为与提高发展质量齐头并进的任务不断被提上日程。2020年党的十九届五中全会把"改善人民生活品质，提高社会建设水平"列入《中共中央关于制定国民经济和社会发展第十四个五年规划和二〇三五年远景目标的建议》。2021年2月习近平总书记在主持十九届中央政治局第二十八次集体学习时进一步明确，"要树立战略眼光，顺应人民对高品质生活的期待"。当前，科技作为第一生产力，对消费的促进、贡献及经济发展基础性作用越来越显著。

二、新质生产力提出的意义

马克思主义生产力理论的中国化时代化。生产力理论是马克思主义的经典理论之一，在中国特色社会主义建设中一直发挥着重要指导作用。我国从国家层面到地方层面都有研究和促进生产力的专业机构,包括各种生产力促进中心、生产力研究会、生产力研究中心等理论和实体性促进机构,不仅大力推进马克思主义生产力理论的中国化,更在实践层面大力践行之。当前在生产力基础上再提新质生产力,是马克思主义生产力理论的进一步时代化,紧扣了时代矛盾和挑战。习近平总书记强调,"我国面临的很多'卡脖子'技术问题,根子是基础理论研究跟不上,源头和底层的东西没有搞清楚","加强基础研究是科技自立自强的必然要求,是我们从未知到已知、从不确定性到确定性的必然选择"。只有重视基础研究,才能永远保持自主创新能力。基础研究、高水平科技是新质生产力形成的重要源头。

中国特色哲学社会科学的生产力新创见。党的二十大报告指出,我们必须坚持解放思想、实事求是、与时俱进、求真务实,一切从实际出发,着眼解决新时代改革开放和社会主义现代化建设的实际问题,不断回答中国之问、世界之问、人民之问、时代之问,作出符合中国实际和时代要求的正确回答,得出符合客观规律的科学认识,形成与时俱进的理论成果,更好指导中国实践。新质生产力是对生产力这一关系经济社会发展全局的核心命题,提出的中国之问,作出的中国之答。它是关于生产力认识的新突破,我国曾经有学者提出过新生产力、先进生产力等概念,现在更进一步适应时代要求,把握新的发展形势,提出新质生产力,更加丰富了生产力理论的科学内涵。

党中央统筹中华民族伟大复兴战略全局和世界百年未有之

大变局过程中的生产力战略新布局。党的二十大报告提出，要优化重大生产力布局。发展新质生产力是我国的一项新战略举措，对于转变发展思路，克服当前经济困难迎难而上具有重大意义。它首先由习近平总书记在2023年9月考察东北时提出。东北在中国区域经济发展不平衡、老工业地区迎难而上中具有典型性，发展新质生产力正是推动东北全面振兴的必由之路。在供给侧结构性改革，去过剩产能、淘汰落后产能仍然任务艰巨，世界经济低迷、世界贸易形势不利的背景下，东北很难再走传统产业、传统生产力发展的老路。同时尽管改革开放以来，大部分产业领域发展相对落后，但作为共和国工业的"长子"，东北工业精神、科技实力、科教能力、人才实力仍然保有一定优势，东北只有通过创新发展，发展新质生产力，振兴才有希望，发展也才能大有可为。

三、新质生产力概念解析

"新"的内涵。新质生产力以创新为路径、为动力、为内容、为方式，其发展以追求创新为起始、为精神。"新"体现出新生产要素、新技术、新模式，体现在新产业、新业态、新产品、新领域、新赛道、新动能、新平台、新空间、新体系、新市场主体、新优势等。党的二十大报告涉及了许多与"新"相联系的概念和提法，如新征程、守正创新、新发展理念、新发展格局、治国理政新理念新思想新战略、人类文明新形态、原始创新、战略性新兴产业、新能源技术、创新型国家行列、新矛盾新挑战、创新性发展、结构一新、格局一新、面貌一新、科技创新能力、人类实现现代化提供了新的选择、国内外形势新变化和实践新要求等。这些概念和提法大多与新质生产力能够建立起一定联系，有助于正确理解新质生产力的"新"。如迈上新征程需要发展新质生产力，发展新质生产力需要守正创新等。

"质"的内涵。质是指物质的质。历史唯物主义认为："物质生产力是全部社会生活的物质前提，同生产力发展一定阶段相适应的生产关系的总和构成社会经济基础。"今天，新的物质生产力，正在信息化、智能化等条件下形成。质也是本质的质，新质生产力是依靠创新驱动形成的生产力，已从本质上区别于大量消耗资源能源的传统生产力。质是生产质量的质，新质生产力是体现高质量发展的生产力，包括劳动者、劳动资料、劳动对象在内的三要素都面对着高质量发展背景下的更高要求。质是生活品质的质，新质生产力是带来高品质生活的生产力。党的二十大报告也涉及了许多与"质"相联系的概念和提法，如高质量发展、更为坚实的物质基础、中国式现代化是物质文明和精神文明相协调的现代化、厚植现代化的物质基础，不断夯实人民幸福生活的物质条件、中国式现代化的本质要求、坚实的物质技术基础、国际循环质量和水平、质的有效提升和量的合理增长、质量强国、高质量建设、提升贸易投资合作质量和水平、推动共建"一带一路"高质量发展、全面提高人才自主培养质量、加快建设高质量教育体系、提高人民生活品质、高质量充分就业、优质医疗资源扩容和区域均衡布局等。这些概念和提法也大多可与新质生产力建立起一定联系，有助于正确理解新质生产力的"质"。如生产力发展呈现出种种复杂现象，但要通过现象看本质，发展先进而健康的生产力，让生产力体现社会主义发展的本质要求，为人民服务。奠定更为坚实的物质基础要发展物质生产力。要实现高质量发展，必须加快形成新质生产力。新质生产力的发展要有利于共同富裕，比如要发展农村新型实用技术，助力乡村振兴，增加农民收入；要推进战略科技力量区域平衡布局，助力区域平衡发展，实现共同富裕。

习近平总书记2023年9月在黑龙江考察时强调，要整合科技创新资源，引领发展战略性新兴产业和未来产业，加快形成新质生产力。要在支柱性产业、战略性新兴产业和未来产业三维发展框架中理解新质生产力的时间维度和产业内涵。新质生产力要促进产业发展，并在产业发展中发展自己，支柱性产业、战略性新兴产业和未来产业都是新质生产力发展的体现和结果。按照时间维度，支柱性产业是当前生产力的主流，大多进入产业成熟阶段，但进一步发展潜力有限，甚至有被逐渐淘汰的风险；战略性新兴产业是新崛起的生产力，在不久的将来可望成为支柱产业；未来产业是现实中并没有出现，或者只是雏形，但根据现有技术发展可能性、生产力发展趋势预测，未来有可能成为战略性新兴产业乃至支柱产业的产业。从中可看出，未来产业有两个重要条件，一是需求潜力，二是技术可能性，因此生产力发展是未来产业预测和形成的重要基础。发展新质生产力还需要结合产业布局做好空间和时间上的生产力布局。比如在劳动者方面对人才进行梯度布局，做好各个层次人才的培育和使用；做好各个区域和领域的人才培养，推行均衡教育，公平合理地配置各个层次的公共教育资源，进一步缩小城乡教育差距，不断提升教育质量，促进教育公平。

新质生产力是实现中国式现代化和高质量发展的重要基础

简新华
· 南昌大学经济管理学院特聘教授、武汉大学经济发展研究中心教授

◎ 新质生产力以第三次和第四次科技革命和产业革命为基础，以信息化、网络化、数字化、智能化、自动化、绿色化、高效化为主要特征。

◎ 提出形成和发展新质生产力，抓住了实现中国式现代化和高质量发展的关键。

◎ 形成和发展新质生产力，只能主要依靠自主创新和发展现代教育，而且首先是加快发展教育事业，因为自主创新必然依赖高素质的人才，而高素质人才又依靠教育来培养。

习近平总书记2023年9月在黑龙江考察时提出："整合科技创新资源，引领发展战略性新兴产业和未来产业，加快形成新质生产力。"深入贯彻落实习近平总书记的重要讲话精神，需要全面探讨和把握什么是新质生产力、为什么要形成和发展新质生产力以及怎样形成和发展新质生产力。

一、新质生产力是新的高水平的现代化生产力

长期以来，人们把生产力定义为人类征服和改造自然的能力，包括生产过程中不可缺少的劳动力和生产资料。随着人们对劳动力、生产资料、生产过程、人与自然关系认识的深化，逐步完善了对生产力内涵、外延和特征的认识，主要体现在两个方面：

一是明确了劳动力即人的劳动能力中脑力劳动的重要作用，

而脑力的大小和效率的高低主要又由劳动者学习和掌握的科学技术的状况（数量、广度、深度）决定，而且包括劳动资料和劳动对象在内的生产资料的种类、性能、质量、效率主要也是由科学技术水平决定的，所以邓小平同志在马克思所说的"生产力里面也包括科学在内"的基础之上，进一步提出"科学技术是第一生产力"。

二是人与自然不是征服和被征服的关系，而应是和谐共生的关系，人类既要改造、开发、利用自然，同时还要适应、保护、美化自然，因为只有这样，人类社会才能更好地持续生存和发展。

认识的深化要求我们对生产力做更为准确科学的界定：生产力应是人类进行社会生产的能力，主要内容包括科学技术、劳动力和生产资料。由于科学技术、劳动力、生产资料不是一成不变的，而是不断变化发展的，因此不同的时代和发展阶段，生产力的状况或者说发展水平是不完全相同的。从现代来看，生产力应该可以划分为两大类，即传统生产力和新质生产力。

所谓传统生产力，是以第一次和第二次科技革命和产业革命为基础，以机械化、电气化、化石能源、黑色化（或者说灰色化，即资源消耗多、环境污染比较严重）、不可持续为主要特征。什么是新质生产力？总的来说，是指新的高水平的现代化生产力，即新类型、新结构、高技术水平、高质量、高效率、可持续的生产力，也就是以前没有的新的生产力的种类和结构，相比传统生产力而言其技术水平更高、质量更好、效率更高、更可持续。具体而言，主要包括人工智能、高端算力和算法、高端芯片的设计生产技术和设备、高端机器人的生产和运用、5G和6G移动通信技术和设备、量子通信技术和设备、现代航空航天技术和设备、深海探测和开发技术和设备、高端发动机和盾构机等各类机械设备及操作控制系统、高端太阳能风能水能地热能海洋能生物质能等可再生能源技术和设备、核能和氢能等清洁能源、特高压输电技术和设备、现代生命医药技术和设备等，以及能够创新、开发、运用、改进和优化各种高新技术和发展高新产业、改造优化传统产业的高素质的劳动力。新质生产力以第三次和第四次科技革命和产业革命为基础，以信息化、网络化、数字化、智能化、自动化、绿色化、高效化为主要特征。

二、中国式现代化和高质量发展需要形成和发展新质生产力

生产力是社会存在和发展的最一般的条件，是推动人类社会发展的决定性因素，是社会由低级形态向高级形态演进的决定性力量，是生产方式中最活跃、最革命的因素，必须坚持不懈地努力发展生产力。现在又进一步明确提出形成和发展新质生产力，这是推进高质量发展、实现中国式现代化的迫切要求。

党的二十大报告提出，全面建成社会主义现代化强国是新时代新征程的中心任务，高质量发展是全面建设社会主义现代

化国家的首要任务，并强调"没有坚实的物质技术基础，就不可能全面建成社会主义现代化强国"。中国式现代化和高质量发展不是空中楼阁，必须建立在坚实的物质技术基础之上，这个物质技术基础主要体现为新质生产力。

中国式现代化包括科学技术的现代化，而且工业、农业、服务业、国防等其他方面的现代化都必须以科学技术现代化为基础，不形成和发展新质生产力，不仅科学技术现代化不可能实现，其他方面的现代化也不可能实现，现代化就会成为无源之水、无本之木。

建设现代化经济体系特别是现代化产业体系是经济现代化的战略目标。现代化产业体系是以高新技术产业为主导、现代农业为基础、现代制造业为主干、现代服务业为主体、现代科学技术来武装，能够实现可持续发展的产业体系。建设现代化产业体系必须依靠新质生产力，因为高新技术产业的形成和发展，现代科学技术对传统产业的武装改造，农业、制造业、服务业的优化升级和现代化，都有赖于高素质的劳动力和新型的生产资料，都离不开现代高新技术的研发和运用，而高新科学技术、高素质劳动力和高品质生产资料就是新质生产力的主要内容。

高质量发展是体现新发展理念的发展，也就是产出质量高、经济效益高、社会效益高、生态效益高、经济运行状态好（即产业结构、地区结构、城乡结构进一步优化，公平与效率关系、速度与效益关系、供求关系、投资与消费关系、进出口关系、国内外收支关系、财政和金融状况等更加合理）的经济发展状况，做到这"四高一好"，必须以新质生产力为基础，即高质量的发展需要高质量的生产力，否则，不可能真正做到产出效益高、状态好。

以上说明，提出形成和发展新质生产力，抓住了实现中国式现代化和高质量发展的关键。

三、形成和发展新质生产力的关键是科技创新和教育发展

新质生产力的主要内容是高新科学技术、高素质劳动力和高品质生产资料。其中，高新科学技术主要靠自主研发创新，高素质劳动力需要通过发展高水平的教育来培养，高品质生产资料只有依靠高素质的劳动力运用高新技术才能生产出来，这也需要发展教育和自主创新才能做到。所以，形成和发展新质生产力，只能主要依靠自主创新和发展现代教育，而且首先是加快发展教育事业，因为自主创新必然依赖高素质的人才，而高素质人才又依靠教育来培养。这与党的二十大报告提出的要求是一致的："教育、科技、人才是全面建设社会主义现代化国家的基础性、战略性支撑。必须坚持科技是第一生产力、人才是第一资源、创新是第一动力。"

坚持教育优先发展，加快建设教育强国、人才强国，着力造就拔尖创新人才。加强教育的发展，除了继续加大教育投入、优化教育资源配置、努力提高教育经费使用效果之外，在人口总量开始下降的大趋势下，教育发展应切实由以数量规模扩张为主转向稳定数量规模、优化教育结构、提高教育质量为主。注重提高高等教育的质量，包括增强本科生专业理论基础，提高研究生的科研能力。注重加强职业教育，培养更多大国工匠。

坚持创新在现代化建设全局中的核心地位，加快建设科技强国。加强自主创新，除了继续健全新型举国体制、完善科技创新体系、加强基础研究、加大各级政府和企业的科研投入、优化科研资源配置、努力提高科研经费使用效果、继续发挥还存在的后发优势、尽可能引进国外高新科学技术、创造更好条件吸引优秀科研人才之外，必须下决心改革完善科研项目申报和结项成果的审核、科研奖励的评审标准和方法，重点考核创新性和对科学技术、经济社会发展的实际贡献，资助、鼓励科研人员研究真问题、做实学问、多出创新性成果。

推动新质生产力向更深层次拓展

丁明磊·中国科学技术发展战略研究院研究员
彭思凡·中国科学技术发展战略研究院助理研究员

◎ 新质生产力本质是创新驱动的生产力，强调的是创新和创造力，坚持以人民为中心的发展思想，突出高质量发展新动能、突出人才为本，充分发挥劳动者这个生产力中最活跃的因素。

◎ 中国积极发展以科技创新支撑引领的新质生产力，必将为全球经济发展注入强劲动力，是为不确定的世界注入确定性的重要力量。

◎ 科技赋能已经成为高质量发展的显著标志，科技创新成为引领现代化建设的重要动力，为形成新质生产力和引领未来科技变革和经济社会发展奠定了坚实基础。

科学技术是推动经济和社会发展的决定性因素，"科学技术是生产力"是马克思主义的基本原理，并随着时代的变迁不断得到丰富与发展。"科学技术是第一生产力"既是现代科学技术发展的重要特点，也是科学技术发展的必然结果。

2023年9月，习近平总书记在黑龙江考察时首次提出"新质生产力"。习近平总书记关于新质生产力的重要论述，为新时代新征程加快科技创新、推动高质量发展提供了科学指引。坚持科技是第一生产力、人才是第一资源、创新是第一动力，促进更多科技成果转化为新质生产力，是新时代实现高水平科技自立自强、赋能高质量发展、加快构建新发展格局和推进中国式现代化的重要任务。

一、深刻把握新质生产力的丰富内涵

生产力是人们改造自然、利用自然的能力，是推动人类社会发展的最终决定力量。无论在什么时代，生产力的发展都是科技进步和新兴产业推动的自然的和历史的产物，正如马克思在《资本论》中指出的，"劳动生产力是随着科学和技术的不断进步而不断发展的"。"整合科技创新资源，引领发展战略性新兴产业和未来产业，加快形成新质生产力。"习近平总书记关于新质生产力的重要论述是对马克思主义生产力理论的继承、丰富与创新性发展。

新质生产力本质是创新驱动的生产力，强调的是创新和创造力，坚持以人民为中心的发展思想，突出高质量发展新动能、突出人才为本，充分发挥劳动者这个生产力中最活跃的因素。新质生产力科学地揭示了新科技革命条件下科学技术在生产力形成和发展过程中的重要地位与作用，为我们增强发展新动能、构筑经济发展新引擎、塑造高质量发展新优势提供了重要指引，彰显了以习近平同志为核心的党中央以科技创新推动产业升级、构筑竞争新优势、赢得发展主动权的坚定战略抉择。

以科技创新为支撑引领加快形成新质生产力，蕴含着深刻的历史逻辑、理论逻辑和实践逻辑。中国共产党领导中国科技事业发展的百年历程，高度重视科学技术在促进生产力发展中的作用，在革命、建设、改革各个历史时期，顺应国家发展大势和战略需求，探索了发展科学技术并与革命斗争、生产实践密切结合的路径。从改革开放提出"科学技术是第一生产力"，不断完善国家创新体系、建设创新型国家，到党的十八大后坚持把创新作为引领发展的第一动力,把科技创新摆在国家现代化发展全局的核心位置,深入实施科教兴国战略、人才强国战略、创新驱动发展战略,我们党在百年发展历程中取得了辉煌的科技创新成就,奠定了科技创新在党和人民事业中十分重要的战略地位。

历史和实践反复证明,只有将科技成果转化为现实生产力尤其是新质生产力,才能全面释放创新驱动发展的原动力。科技创新绝不仅仅是实验室里的研究,更需要转化为推动经济社会发展的现实动力。向科技创新要新质生产力,必须重视和加强科技成果转化。科技成果转化是技术、经济活动相互衔接、相互结合的复杂过程。科技成果只有同国家需要、人民要求、市场需求相结合,完成从科学研究、实验开发、推广应用的三级跳,才能真正实现创新价值、实现创新驱动发展。通过科技成果转化,科技才能成为真正的第一生产力。加快科技成果转化为新质生产力,才能为高质量发展提供新的成长空间。

二、加快形成新质生产力的重要意义

当前,世界之变、时代之变、历史之变正在以前所未有的方式展开。科技创新是大变局的重要组成部分,也是改变大变局格局变化的关键力量。一方面,世界经济复苏艰难,尚未找到有效的新增长动能,根据国际货币基金组织(IMF)在2023

年10月《世界经济展望报告》的预测，全球经济增速将从2022年的3.5%放缓至2023年的3.0%和2024年的2.9%，远低于3.8%的历史（2000—2019年）平均水平。另一方面，大国战略竞争升级，地缘政治对抗加剧，粮食、能源、金融、气候、疾病等全球性挑战前所未有，各种"黑天鹅""灰犀牛"事件随时可能发生。中国坚持做全球增长的动力源，以自身新发展不断为世界提供新机遇。近十几年来，中国对全球经济增长的年均贡献超过30%。现今，中国积极发展以科技创新支撑引领的新质生产力，必将为全球经济发展注入强劲动力，是为不确定的世界注入确定性的重要力量。

前沿颠覆性技术的集中涌现、相互赋能和加速应用，正在推动新产业、新业态、新模式加速迭代形成新质生产力。基础科学和前沿技术加快突破，向经济社会各领域扩散的速度、深度和广度前所未有，社会生产力和劳动生产率不断飞跃。以科学技术新原理、新组合、新应用为基础产生的突破性创新，有望推动相关产业乃至全球经济的革命性进步。随着人工智能、量子计算与生物、材料、能源等领域的加速融合，加快基础科学和应用科学的发现、验证、应用，打造下一代科学范式，催生智慧医疗与健康、生物制造、智能交通与物流、生物能源等新产业，极大地丰富了现代产业体系的内容和形式，极大地提高了社会生产力。重大场景的牵引不仅将促进创新链和产业链的融合，还会加速前沿技术的迭代升级，元宇宙、智慧工厂等细分应用场景将进一步推动先进通信、人工智能、脑机接口、数字孪生等技术的集成创新。科学技术系统、经济系统、社会系统、生命系统、生态系统等交叉融合，成为生产力发展的决定性因素和社会进步的强大动力。

数据要素与其他生产要素的高效协同联动极大地提高了社会生产力，成为推动新一轮科技革命和产业变革的重要动力。随着信息技术的发展，以大数据为代表的信息资源向生产要素的形态加速演进。数据已成为新型生产要素，并与其他生产要素高效协同，颠覆传统生产方式，一起融入经济价值创造的整个过程，大大缩短了全社会创新链并创造出更高价值，传统生产力的内涵和外延不断丰富和发展。数字化智能化绿色化深度融合、交互影响，正在深刻改变着科技革命和产业变革的演化路径，以人工智能、移动互联网、云计算、量子信息为代表的新一代信息技术对经济社会生活的渗透率越来越高，正以前所未有的广度和深度，不断推进资源配置方式、生产方式、组织方式、经济发展模式的深刻变革。2020年4月，中共中央、国务院印发《关于构建更加完善的要素市场化配置体制机制的意见》，对于引导技术、数据等各类要素协同向先进生产力集聚，加快完善社会主义市场经济体制具有重大意义。

三、不断拓展新质生产力的发展空间

党的十八大以来，我们坚持把创新作为引领发展的第一动力，把科技创新摆在国家现代化发展全局的核心位置，全面谋划科技创新工作，走出了一条从人才强、科技强到产业强、经济强、国家强的新道路，为我国经济社会高质量发展贡献了卓越的科技力量。科技赋能已经成为高质量发展的显著标志，科技创新成为引领现代化建设的重要动力，为形成新质生产力和引领未来科技变革和经济社会发展奠定了坚实基础。面向未来，我们要着眼于中国式现代化的要求，坚持系统布局，坚持问题导向，大力培育和发展新质生产力。

一是加强高质量科技成果的源头供给。从科技创新供给侧大力支持高质量知识产权创造，支持重大专项、科技创新2030-重大项目等成果产业化。加强前沿颠覆性技术和原始性创新的预测研判和"技术意外"预警，围绕国家需求，精准识别和投资具有使命导向和战略意义的重大源头技术、前沿技术、未来技术，鼓励产业界、社会资本广泛参与。加快云服务、算力网、数据中心等新型基础设施建设。

二是高标准推进技术和数据要素市场建设。促进技术和数据要素流通并与资本等其他要素深度融合，创新要素开发利用机制。加快推进技术和数据要素市场化建设，推进数据确权、人工智能、基因技术、自动驾驶、大数据、区块链等新兴前沿领域立法工作,健全权利保护、交易流通、开放共享、安全认证、利益分配等基础制度。

三是促进各类创新主体、创新高地打造面向未来的创新共同体。加强创新资源的跨学科、跨领域、跨区域优化配置,支持企业与高校、科研机构联合投资共建面向前沿科技领域的关键技术研发中心、概念验证中心、产业技术研究院、场景创新实验室、未来实验室等新型研发机构,推动形成集跨界创新、人才培养、无缝转化和科技投资于一体的"四链融合"机制。

四是开拓新兴科技应用场景。面向碳中和碳达峰、健康中国、乡村振兴、制造强国、交通强国等重大战略需求,为新一代信息技术、人工智能技术、区块链、元宇宙等大规模示范应用提供场景机会,创造领先市场,不断完善和优化场景开放政策措施和制度成果。围绕新兴前沿技术的孵化、应用和迭代,瞄准未来社会形态,加强重大场景综合创新试验,建立新经济"监管沙盒"机制,营造包容开放创新生态环境。

新质生产力的主要特征与形成机制

李晓华

· 中国社会科学院工业经济研究所研究员

◎ 与传统生产力的发展依靠渐进型的增量式创新不同，新质生产力的形成源自基础科学研究的重大突破和对原有技术路线的根本性颠覆，在此基础上形成了一批颠覆性技术群。

◎ 当前新一轮科技革命和产业变革正深入突进，颠覆性技术群包括数字技术、低碳技术、生物技术等，其中颠覆性最强、影响力最广的是数字技术与低碳技术，推动当前的新质生产力呈现数字化、绿色化的特征。

◎ 战略性新兴产业的发展不仅形成新的日益强大的产业部门，而且许多战略性新兴产业的技术、产品具有广泛的用途，通过在其他产业的应用、与其他技术和产品的融合，能够使既有的产业部门发生效率和质量变革，从而也成为新质生产力的重要组成部分。

2023年9月，习近平总书记在黑龙江考察时提出了"新质生产力"的概念。新质生产力是生产力质的跃迁，是我国经济高质量发展的要求，也是实现社会主义现代化强国战略目标的重要推动力。加快形成新质生产力，需要从理论上厘清其特征和形成机制，从而用科学的理论指导我国经济高质量发展实践。

一、新质生产力的一般性特征

相对传统生产力，新质生产力呈现出颠覆性创新驱动、产业链条新、发展质量高等一般性特征。

颠覆性创新驱动。传统生产力推动的经济增长是依靠劳动资料、劳动对象和劳动者大量投入的水平型扩张，不仅严重依赖要素投入，而且生产力发展速度和经济增长速度都较为缓慢。新质生产力驱动的产业发展降低了自然资源和能源投入，使经济增长摆脱了要素驱动的数量型扩张模式。而且与传统生产力的发展依靠渐进型的增量式创新不同，新质生产力的形成源自基础科学研究的重大突破和对原有技术路线的根本性颠覆，在此基础上形成了一批颠覆性技术群。随着这些颠覆性技术的逐步成熟，就会形成相对于传统产业而言全新的产品、生产资料、零部件和原材料，使人类可以利用的生产要素的范围极大扩展，使产业结构、增长动力、发展质量发生重大变革。

产业链条新。颠覆性的科技创新改变原有的技术路线，从而以全新的产品或服务满足已有的市场需求或者创造全新的市场需求，在这一过程中它会带来产品架构、商业模式、应用场景的相应改变。产业链条表现在链条的环节构成与链条不同环节的地理空间分布两个方面，颠覆性科技创新会使这两方面都发生重大改变。一方面，新的产品架构、商业模式的出现，使产品或服务生产和交付所需要的原材料、零部件、基础设施等发生根本性改变。例如，新能源汽车以电池、电机、电控系统替代了燃油汽车中的发动机、变速箱。另一方面，生产这些新的原材料、零部件的国家和企业及其所占市场份额也发生巨大变化，从而改变产业链各环节的地理空间分布。

发展质量高。新质生产力的形成和发展会全方位提升产业发展的质量，加快现代化产业体系的建立。一是提高生产效率。颠覆性技术中有很多是通用目的技术，具有强大的赋能作用，一方面会使劳动资料的功能显著提升，另一方面还会优化劳动资料、劳动对象的组合，从而提高生产效率。例如，机器人、人工智能技术替代许多原本由人工完成的工作，不仅节约了成本，而且使生产的效率、精度、良品率都显著提高。二是增加附加价值。一方面，新质生产力所形成的新产品新产业技术门槛高，掌握新技术的企业数量少，市场竞争不激烈且在产业链中具有更大的话语权，因此可以实现更高的增加值率；另一方面，新质生产力创造迎合了用户（包括消费者与企业）以前未能满足的潜在需求，开辟了新的市场，带来新的产业增长空间。三是减少环境影响。不可忽视，工业化对自然生态造成了巨大压力，而随着生活水平的提高，人民群众对美好环境的需求不断增长。新质生产力更有力地发挥科技创新推动经济增长的作用，用知识、技术、管理、数据等新型生产要素替代自然资源、能源等传统生产要素，并能够使生产活动中产生的副产品循环利用，减少产品生产和使用对生态环境的损害，形成经济增长与生态环境改善的和谐并进。优美的生态环境在满足人民群众美好生活需要的同时也创造出巨大的经济价值，真正使绿水青山变成金山银山。

二、新质生产力的时代特征

马克思指出，"劳动生产力总是在不断地变化"。一方面，生产力划分了不同的经济社会发展时代，如农耕技术、蒸汽机和发电机、计算机分别对应着农耕社会、工业社会和信息社会；

另一方面，每一个时代也具有该时代特有的新技术、新要素、新产业，生产力具有时代特征。当前新一轮科技革命和产业变革正深入突进，颠覆性技术群包括数字技术、低碳技术、生物技术等，其中颠覆性最强、影响力最广的是数字技术与低碳技术，推动当前的新质生产力呈现数字化、绿色化的特征。

数字化。当前新一代数字技术迅猛发展，云计算、大数据、物联网、移动互联网、人工智能等数字技术获得广泛应用，催生出一系列新产业并向广泛的产业部门全方位渗透、融合，区块链、扩展现实、数字孪生、量子计算等新一批数字技术也在积蓄力量，有望在不远的将来释放出推动经济增长的力量。数字技术的发展推动数字技术与产业技术、数字经济与实体经济深度融合，赋予生产力数字化的时代属性。大数据、芯片等新型数字产品成为重要的生产资料，传统的生产设备、基础设施的数字化智能化水平也不断提高。随着越来越多的产品、设备、场景和人接入互联网，数据的生成速度越来越快，泛在连接的网络基础设施、不断增强的算法和算力使得对海量数据的传输、存储、处理、利用成为可能，数据进入生产函数，成为新的劳动对象，并通过与生产工具的高效结合，实现生产力的巨大跃迁。同时，这也要求劳动者不断提高数字素养、数字技能。

绿色化。工业时代的生产和生活主要依靠化石能源，其在加工、燃烧、使用过程中产生大量二氧化碳等温室气体和其他污染物，造成全球气候变暖趋势，从而影响人类的持续生存和发展。为应对这一问题，世界主要国家签署了致力于减少二氧化碳排放并控制累积排放量的《巴黎协定》，许多国家制定了碳达峰、碳中和的时间表和路线图。为了实现碳达峰、碳中和的目标，一方面，要推动新能源技术、节能技术、碳捕获、碳封存技术等低碳技术的突破，另一方面，要将低碳技术转化，打造低碳化的能源系统、生产系统、消费系统，实现整个社会生产和生活的低碳化。

三、新质生产力的形成机制

当前，新一轮科技革命和产业变革深入推进，颠覆性技术不断涌现，颠覆性创新形成的新劳动资料、新生产工具、新劳动对象的物质形态表现为国民经济中的战略性新兴产业和未来产业。这些新兴产业具有不同于传统产业的新技术、新要素、新设备、新产出，蕴含着更巨大的改造自然的能力，具有更高的发展质量。因此，推动新质生产力的形成既要加强科技创新驱动力，又要加快新兴产业的培育壮大。

创新驱动：推动科技创新取得重大突破。新质生产力不是由一般的科技创新推动，而是由具有颠覆性且对经济社会发展影响广泛而深远的科技创新所推动。颠覆性创新在它的早期阶段，所形成的新技术新产品在性能和价格上无法与既有的技术和产品相竞争，但是它具有巨大的发展潜力，代表科技和产业发展的方向，一旦越过临界点就会释放出改变劳动资料、劳动对象的巨大力量。而且现在的"科学技术和经济社会发展加速渗透融合，基础研究转化周期明显缩短，国际科技竞争向基础前沿前移"，因此基础研究在科技创新中的作用日益重要。与沿着现有技术路线的增量创新不同，科技创新的不确定性大，无法在事前准确预测哪个领域会出现技术突破，无法准确判断技术突破的重要性、不同技术路线的前景、应用领域和商业化的时间，因此原有面向增量型技术创新的科技政策的效力大打折扣，应当更加鼓励科学家们凭兴趣和能力选择研究方向，而不是由政府部门确定具体的科研项目，同时不能再沿用增量型创新阶段"以成败论英雄"的科研评价方式，要允许科学家在科学探索的道路上出现失败。

产业基础：促进新兴产业的发展壮大。战略性新兴产业是以重大技术突破和重大发展需求为基础，对经济社会全局和长远发展具有重大引领带动作用，知识技术密集、物质资源消耗少、成长潜力大、综合效益好的产业。当前沿技术或颠覆性技术进入成熟阶段、形成的产品大规模生产时就形成了战略性新兴产业。战略性新兴产业已经具有较大的规模，但仍然具有很大的市场潜力、处于快速增长的轨道上。战略性新兴产业的发展不仅形成新的日益强大的产业部门，而且许多战略性新兴产业的技术、产品具有广泛的用途，通过在其他产业的应用、与其他技术和产品的融合，能够使既有的产业部门发生效率和质量变革，从而也成为新质生产力的重要组成部分。战略性新兴产业的发展需要重大科技创新的不断突破，也需要市场的拉动和相关配套产业的支持。我国的超大规模市场优势能够给战略性新兴产业的发展以有力的市场支撑，齐全的产业门类、完备的产业生态构成了战略性新兴产业供应链形成和高效运转的基础。近年来我国的光伏组件、风机设备、新能源汽车、自动驾驶、动力电池、互联网服务等战略性新兴产业均蓬勃发展，进入世界领先位置甚至成为最大的生产国。

未来布局：加快推进未来产业的前瞻布局。未来产业是指由处于探索期的前沿技术所推动、以满足经济社会不断升级的需求为目标、代表科技和产业长期发展方向，会在未来发展成熟和实现产业转化并形成对国民经济具有重要支撑和巨大带动，但当前尚处于孕育孵化阶段的新兴产业。与战略性新兴产业相比，未来产业处于产业生命周期的早期阶段，更靠近科技创新，产业的成熟度更低、不确定性更高。在未来产业赛道上，世界各国处于相同的起跑线上，都面临相同的不确定性，因此成为后发国家"换道超车"的重要领域。从科技创新到未来产业再到战略性新兴产业是一个连续的光谱，但未来产业已进入商业化开发阶段，如果不及早进行布局，一旦当产业到达爆发式增长的拐点时，就会由于前期人才积累不足、工程技术进展慢、产业配套弱、市场开发不力而被甩在后面。因此尽管未来产业的不确定性更高、投资回报期更长、风险更大，也必须及早进行布局。同样由于高度的不确定性，支持未来产业的政策需要做出重大改变，应从原来选择特定技术路线加以支持的作为"跟随者"所采取的方式，转向政府进行方向引导、市场支持，更多地鼓励市场微观主体的科技创业和对技术路线、应用场景的"试错型"探索。我国市场主体多，能够在多条不同的技术路线上试错，而市场规模大、应用场景丰富的优势又给每条技术路线提供了充分的市场需求支撑。

加快形成新质生产力，政策的着力点应放在以下方面：

一是提高劳动者素质。统筹基础教育、高等教育、职业教育、继续教育等多领域，培育形成适应新质生产力的劳动力队伍。

二是完善新型基础设施。基础设施是劳动资料的重要组成部分，适应新质生产力发展需要建设大型科学装置和公共科研平台，推动连接、算力等数字基础设施建设并推动传统基础设施的数字化改造，加强适应人的更高发展需要的公共服务设施建设。

三是深化体制机制改革。推动科技政策、产业政策转型，促进资本、数据等关键生产要素更充分的流动，形成各种政策以及"政产学研用金"推动科技创新和产业发展的合力，激发市场微观主体创新、创业和投资于新兴产业发展的活力和动力。

四是加强国际合作。鼓励国内大学和科研机构在前沿科技领域开展国际合作，大力吸引跨国公司在我国设立研发机构和新兴产业企业；积极参与自由贸易协定谈判，推进世界贸易组织改革，推动先进技术、数据、高技术产品和服务的贸易自由化和投资便利化。

新质生产力的基本意涵、历史演进与实践路径

魏崇辉

· 上海交通大学马克思主义学院教授

◎ 新质生产力是习近平总书记在东北考察时提出的,在两次表述中都强调要积极培育"战略性新兴产业"和"未来产业",说明新质生产力的概念不是偶然提出的,而是经过充分酝酿,与产业结构升级有密切联系。

◎ 新质生产力不同于马克思提出的"精神生产力""自然生产力""科学生产力"等概念,它强调的并不是某种单一的生产要素,而是要突出其中"新"生产要素对旧生产要素的超越。

◎ 新中国成立七十多年来,在解放和发展生产力的政治实践中,中国共产党人不断深化对生产力范畴的认识,将马克思主义科学技术思想与中国革命、建设、改革的伟大实践结合起来,逐渐形成了中国特色的马克思主义生产力学说,极大地促进了我国经济社会发展,为新质生产力的提出夯实了理论基础和提供了实践支撑。

2023年9月,习近平总书记在黑龙江省主持召开新时代推动东北全面振兴座谈会时指出:"积极培育新能源、新材料、先进制造、电子信息等战略性新兴产业,积极培育未来产业,加快形成新质生产力,增强发展新动能。"首次提出了"新质生产力"这一重要概念。这不仅为新时代东北地区推动高质量发展指明了方向,也为全国推动生产力跃迁明晰了发展方向,进而对全面建设社会主义现代化强国有重要指导意义。

"生产力"这一概念由来已久。马克思恩格斯发展了古典政治经济学家提出的生产力概念,并对其进行了历史唯物主义的改造,为新质生产力提供了理论养分。新中国成立以来特别是改革开放以来,中国经济社会飞速发展,科技水平提高带动产业结构剧变,为新质生产力提供了实践支撑。新质生产力的重要概念理论上扩展了马克思主义生产力学说,实践上指导我国高质量发展进程。

如何理解新质生产力的内涵?在习近平总书记的重要论述

中,"整合""引领""培育"三个关键词为我们提供了理解的概念线索。过去通常将科技要素看作是先进的制造工艺和生产设备等实体形态,是生产过程的"独立因素"。如今科技与其他生产要素结合愈发紧密,渗透于生产各环节,逐渐成为生产过程的"灵魂"。新质生产力之"新",就在于科技创新,不仅是科技本身创新,更是以科技来创新生产。"整合",就是要组织起企业、高校、科研院所等创新资源,协同攻关科技难题。"引领",就是要发挥科技在各要素中的核心作用,引领劳动者、制造设备、管理方式等要素全面升级。"培育",就是要加快科研成果向实际效益的转化,以科技赋能产业全过程,形成现实的生产力。

一、新质生产力的基本意涵

从词源学上看,新质生产力的主体是"生产力","新质"则是这种生产力的修饰语。所谓"新质",就是在质态、本质上,这一生产力与"旧"的传统生产力有所区别,在驱动方式上不同。而定性是"生产力",就是说这一生产力要应用到现实的生产中去,产生实际的经济效益。这一内涵凸显了它具有科学技术创新作为内生动力和推动经济发展作为根本旨归两大特点。在简要厘清这些基本概念的基础上,领悟新质生产力的深刻内涵,还须结合其提出时的语境、马恩对生产力概念的经典表述以及生产要素的多样性。

1. 从新时代的话语语境把握新质生产力的生成逻辑

新质生产力是习近平总书记在东北考察时提出的，在两次表述中都强调要积极培育"战略性新兴产业"和"未来产业"，说明新质生产力的概念不是偶然提出的，而是经过充分酝酿，与产业结构升级有密切联系。

第一，新质生产力是立足新一轮科技革命和产业变革的时代背景提出的。纵观人类社会发展进程，历史上每一次科技革命都引领了一轮产业变革，极大地改变了生产生活方式，提高了人民的生活水平，深刻地改变了国际力量格局。当今世界正处于百年未有之大变局，科技在这一变局中扮演着"推动者"的身份，随着新一轮科技革命和产业变革深入发展，全球产业结构和布局深度调整，推动世界政治格局深刻转变。大数据、人工智能、5G通信、量子科技、生物技术等领域取得颠覆性技术突破，正在酝酿诞生一批未来产业；材料科学、环境科学、生命科学、能源科学等多学科交叉融合发展，推动多领域技术融合创新；新兴科技不断赋能传统产业，机械工程、服装设计、汽车制造等行业焕发新的生机，实现了新旧动能转换。新科技催生新产业，新产业塑造经济发展新动能，这是新质生产力在当今时代背景下的具体表现。

第二，新质生产力是结合东北地区的现实产业布局和战略地位提出的。新中国成立以来，东北地区作为"共和国长子"，产业结构一直都是以重工业和传统制造工业为主，是我国重要的重工业基地，在国防安全、能源供给、机械制造等方面为我国社会主义建设作出了巨大贡献。然而，伴随着改革开放的浪潮，新兴产业在我国迅速发展，东北地区传统重工业单一的生产结构和单纯依靠国有企业的管理体制未能得到及时改善，加之石油、矿产等资源日渐枯竭，东北地区逐渐被其他地区拉开差距，经济转型、产业升级成为东北地区的迫切任务。新质生产力的出现引起了传统产业的深刻变革。传统产业是以传统能源为动力，以传统的生产方式为载体的，新质生产力则为传统工业更换了动力引擎和作业载体，从而实现产业形态上的升级，这正是适合东北地区的经济转型模式。"积极培育新能源、新材料、先进制造、电子信息等战略性新兴产业"，是习近平总书记结合东北产业已有优势和现实困境提出的，对东北地区推动高质量发展有重要指导意义。

第三，新质生产力是在擘画我国高质量发展未来蓝图过程中提出的。改革开放以来，我国取得了举世瞩目的经济发展成就，国内生产总值跃升至世界第二，初步解决了"有没有"的问题。中国特色社会主义进入新时代，以习近平同志为核心的党中央提出我国经济发展进入新常态，从高速度增长模式转向高质量发展模式，着力解决"好不好"的问题。十年来，我国推动建设现代化产业体系，如安徽将新能源汽车产业提升为首位产业，江苏围绕生产母机、生物医药等项目进行技术攻关，武汉光电子信息产业带动湖北制造业迈上新台阶等,战略性新兴产业在推动高质量发展中提供了强劲的经济动能。同时,也要清醒地看到存在的不足:发展不平衡不充分问题仍然突出,传统制造业升级转型任务繁重,基础研究投入占比不高,科研成果转化率偏低,部分关键核心技术仍受制于人等。

2. 从马克思主义经典论述把握新质生产力的学理渊源

新质生产力,本质上仍是一种生产力。生产力是马克思主义哲学与政治经济学中的重要范畴,马克思恩格斯早期的生产力思想受斯密、李嘉图的"劳动生产力"和李斯特的生产力理论影响,使用他们定义的生产力概念。撰写《德意志意识形态》时,马克思恩格斯已经向历史唯物主义者转变,对生产力概念进行了哲学上的阐释。撰写《哲学的贫困》时,马克思对生产力概念进行了明确的表述,构建起体系化的生产力理论。此后,马克思转向政治经济学研究,在《1857—1858年经济学手稿》《资本论》等著作中对生产力概念进行了政治经济学上的补充。新质生产力不仅是站在历史唯物主义高度上提出的,而且在马克思主义政治经济学逻辑中有其理论渊源。

第一,在唯物史观视域下探寻新质生产力的理论逻辑。与古典政治经济学家不同,马克思恩格斯将生产力这一经济学范畴放在了唯物史观的视域下进行研究,从而赋予了它鲜明的哲学色彩。在《德意志意识形态》中,以"现实的人"为基本前提,马克思恩格斯指出了生产力对人类社会历史具有的决定性意义:

"人们为了能够'创造历史',必须能够生活。但是为了生活,首先就需要吃喝住穿以及其他一些东西。因此第一个历史活动就是生产满足这些需要的资料,即生产物质生活本身。"这指明了生产力是为了满足人民实际需求的物质生产力量,不仅是人类历史的物质基础,而且是人类社会存在和发展的根本动力。在此基础上,马克思在《哲学的贫困》中廓清了生产力与生产关系、社会关系之间的相互制约关系,指出:"随着新生产力的获得,人们改变自己的生产方式,随着生产方式即谋生的方式的改变,人们也就会改变自己的一切社会关系。"此外,在揭示生产力概念时,马克思指出生产力的基本要素不仅包括生产工具,还包括劳动者:"在一切生产工具中,最强大的一种生产力是革命阶级本身。"进一步拓宽了生产力的内涵,将人的本质力量提高到生产力的高度。从马克思恩格斯对生产力的论述中,至少可以总结出三点新质生产力诞生的逻辑基础:(1)新质生产力作为塑造经济新动能的强大物质力量,是为了满足人民群众的实际需求而提出的;(2)新质生产力的形成必然伴随并要求生产关系的重塑,新兴产业和未来产业的生产模式正是超越传统生产关系的体现;(3)生产力的组成要素复杂,新质生产力要求整合科技创新资源,其中包含科技、人才、数据、信息、管理等多个要素。

第二,从马克思主义政治经济学角度探寻新质生产力的实践逻辑。马克思转向政治经济学研究后,对科技与资本相结合产生巨大生产力推动资本主义发展的历程作了详细的阐释，为新质生产力的塑造提供了依循。首先，马克思对科技应用于资本主义生产的历史过程作了说明。18世纪70年代以蒸汽机为代表的第一次科技革命推动西欧国家完成了产业革命，为资本主义生产方式奠定了物质基础。马克思指出："固定资本的发展表明，一般社会知识，已经在多么大的程度上变成了直接的生产力。"易言之，科技作为知识形态的存在物，也可以成为"对象化的知识力量"，推动经济社会发展。其次，马克思揭示了科技作为生产力的组成要素具体产生效益的方式。一方面，科技作为劳动资料直接参与到生产过程中，如制造工艺或效率的提高，"它们是人的手创造出来的人脑的器官"。另一方面，科技不直接参与生产，而是在产业融合、资源聚集等方面发挥作用，"不变资本便宜化的其他方式建立在发明的基础上……是由把这些不变资本作为产品生产出来的那些生产领域中的劳动生产率的发展所造成的便宜化"。再次，通过对科技在资本主义生产中异化的阐述，马克思指出科技在生产中的应用带有社会制度的印记。一是人与自然关系的异化。资本的逐利性使科技"在一定时期内快速提高土地肥力的任何进步，同时也是破坏土地肥力持久源泉的进步"。二是劳动者的异化。机器大工业使工人"不再是生产过程的主要作用者，而是站在生产过程的旁边"，丧失了主体性地位。三是科技自身的异化。"在机器上实现了的科学……只表现为劳动的剥削手段"，不再朝着社会需要的方向进步。从此论述中同样可以总结出至少三点新质生产力的实践逻辑：（1）科技与生产过程结合能形成现实的生产力，构成新质生产力的底层逻辑；（2）科技与生产结合方式多样，要求着眼生产全过程，整合好科技创新资源；（3）中国特色社会主义制度规范新质生产力的发展方向，要深化体制改革促进新质生产力的形成。

3. 从生产要素的多样性把握新质生产力的核心内涵

马克思内在地提出了生产力组成要素的多样性。在细致考察资本主义生产后，马克思提出了多种不同的生产力，包括"物质生产力和精神生产力""社会生产力"、科学生产力、自然生产力等，这些表述内在地扩充了生产力概念的范畴，构建起多维度的生产力体系。进一步地，马克思说明了这种多维度生产力概念的由来。如对于自然生产力，马克思指出："应用机器，不仅仅是使与单独个人的劳动不同的社会劳动的生产力发挥作用，而且把单纯的自然力——如水、风、蒸汽、电等——变成社会劳动的力量。"生产力是结构复杂的系统，其基本要素包括劳动资料、劳动对象和劳动者，但马克思也指出了自然、管理、科技等在生产中发挥的作用，这被学者总结为生产力的两种生产要素理论，即一种是实体性要素，包括劳动者、劳动资料和劳动对象；另一种是渗透性要素，包括科学技术、劳动组织和生产管理等。

中国特色社会主义进入新时代以来，我们党进一步发展了马克思主义生产要素理论。在新一轮科技革命和产业革命的背景下，以习近平同志为核心的党中央不断深化对人类文明发展规律和生产力发展规律的认识，牢牢把握当下生产力组成要素中的活跃成分，将一切积极因素与国家发展全局结合起来，提出了一系列关于生产要素的重要论述，为我们深刻理解新质生产力的内涵提供了思路。2014年在参加十二届全国人大二次会议贵州代表团审议时，习近平总书记指出，"绿水青山就是金山银山"，"保护生态环境就是保护生产力，改善生态环境就是发展生产力"，提出了"生态生产力"的概念，深化了马克思主义的自然生产力概念。2022年在十九届中央政治局第三十八次集体学习时，习近平总书记指出，"资本是社会主义市场经济的重要生产要素"，"资本是带动各类生产要素集聚配置的重要纽带"，强调资本这一特殊生产要素在生产中发挥的独特作用。2018年在全国网络安全与信息化工作会议上，习近平总书记强调"要加快推动数字产业化，发挥互联网作为新基础设施的作用，发挥数据、信息、知识作为新生产要素的作用"，提出了三种全新的生产要素。在这样的时代背景下，结合我国生产力的现实布局，党的十九大报告提出"提高全要素生产率，着力加快建设实体经济、科技创新、现代金融、人力资源协同发展的产业体系"，党的二十大报告提出"加快建设现代化经济体系，着力提高全要素生产率"，阐明了当下生产力组成要素的丰富多样。

新质生产力的理论逻辑根植于生产力要素的多样性。新质生产力强调的是质态的新,而质态取决于在生产力中发挥关键作用的各生产要素。新质生产力不同于马克思提出的"精神生产力""自然生产力""科学生产力"等概念,它强调的并不是某种单一的生产要素,而是要突出其中"新"生产要素对旧生产要素的超越。因何而新?科技创新是关键。但新质生产力又不仅仅指代科技生产力,它有更丰富的内涵。科技生产力强调的是,相较于其他要素,科技这一要素在生产过程中起更主要推动作用;新质生产力强调的是以科技为引领,全面推动各生产要素的创新,最终实现产业升级和生产力的跃迁。如上文所说,科技已经不再作为一种具体的生产要素而发挥作用,而是作为一种渗透性要素深刻融入其中每一具体环节。在战略性新兴产业和未来产业的生产过程中,从实体性要素——高素质劳动者、高效生产设备、优质加工材料,到其他渗透性要素——组织、管理、知识,再到新型生产要素——数据、信息等,都离不开科技创新的支撑。加快形成新质生产力,就是要组织好企业、高校、科研院所等单位,以科技创新为引领,将生产过程中一切要素组织起来,实现产业全链条全方位全覆盖的跃迁。

二、新质生产力的演进逻辑

新中国成立七十多年来,在解放和发展生产力的政治实践中，中国共产党人不断深化对生产力范畴的认识，将马克思主义科学技术思想与中国革命、建设、改革的伟大实践结合起来，逐渐形成了中国特色的马克思主义生产力学说，极大地促进了我国经济社会发展，为新质生产力的提出夯实了理论基础和提供了实践支撑。历史是最好的教科书，回顾我国历代领导集体关于科技生产力的思想，回顾各个历史时期关于科技事业的政策，并总结我们党利用科技创新发展社会生产力的基本经验，对当前各地发展战略性新兴产业和未来产业，加快形成新质生产力具有重要的指导借鉴意义。

1. 生产力中科技作用的凸显（1949—1977年）

以毛泽东同志为核心的党的第一代中央领导集体在推动我国工业化建设时，内在地提出了利用科技建设社会主义的思想。新中国成立初期，国内一穷二白，国防、经济、民生各领域百废待兴。面对这样的局面，毛泽东在《关于农业合作化问题》中指出："中国只有在社会经济制度方面彻底地完成社会主义改造，又在技术方面，在一切能够使用机器操作的部门和地方，统统使用机器操作，才能使社会经济面貌全部改观。"表明我们党已经充分认识到科技在经济建设上的重要性。1963年，周恩来在上海科学技术会议上指出："把我们祖国建设成为一个社会主义强国，关键在于实现科学技术的现代化。"同年12月，毛泽东在听取聂荣臻关于十年科学技术规划问题的汇报时更是指出"不搞科学技术，生产力无法提高"，将科技进一步拔高到提高生产力的高度。

在这些思想的指导下,我国组织规划全国科研工作,以解决国民经济发展计划中的现实问题。1956年在关于知识分子问题的会议上,我们党发出了"向科学进军"的号召,并开始着手制定《1956—1967年科学技术发展远景规划》。在总体思路上,把"以任务带学科"作为主要的原则,以国民经济和国防建设的科技任务带动学科发展。为保证"十二年科技规划"的实施,我们党构建了具有"大科学"特征的国家科技体制。要"集中力量,把各方面的力量统统组织起来,通力合作来完成国家任务"。我们党组建了中央专门委员会,负责协调动员国家各方面力量来完成重大科研任务,在"两弹一星"等工程上取得了圆满成功。

这一历史时期,我国科技事业政策呈现出鲜明的现实目标导向,科技体制具有高度集中和充分计划的特征,为当前我国在塑造新质生产力中党和政府发挥领导作用提供思路。此时对科学技术的理解主要在实体形态上,强调其作为工具的"应用性"。

2. 生产力的内涵丰富及其实践推动(1978—2011年)

以邓小平同志为核心的党的第二代中央领导集体在改革开放的浪潮中不断将科学技术与中国特色社会主义伟大实践结合,创造性地提出"科学技术是第一生产力"的论断,极大地丰富和发展了马克思主义生产力学说。早在1975年邓小平复出主持工作时,他就以巨大的政治勇气提出:"科技人员是不是劳动者?

科学技术叫生产力，科技人员就是劳动者！"在1978年的全国科学大会上，邓小平再次强调："科学技术是生产力，这是马克思主义历来的观点。"并从生产力的基本要素劳动资料和劳动者入手，说明科技是作为知识形态通过与二者的深度融合而成为生产力的。这表明我们党对科技的理解更加深入，看到了知识形态的科学是潜在的生产力，邓小平指出："许多新的生产工具，新的工艺，首先在科学实验室里被创造出来。"他认为，发展科技就是发展生产力，将科技提高到生产力这一唯物史观重要范畴的高度，提高了科研工作者的地位，认为从事科研工作就是从事生产，指出科学技术队伍就是工人阶级的一部分。1988年，邓小平总结改革开放后十年来的社会主义建设经验，进一步地提出："马克思讲过科学技术是生产力，这是非常正确的，现在看来这样说可能不够，恐怕是第一生产力。"这里的"第一"有极为丰富的内涵，前瞻性地包含了新质生产力提出的内在逻辑：（1）科技作为生产力的组成要素，日渐在生产过程中发挥决定性作用；（2）科技与生产的结合日益紧密，科技转化为现实的生产力的速度大幅提高；（3）科技对生产活动具有引领作用，科研的突破能带动产业发展。

为落实邓小平关于科技生产力的思想，与经济体制改革相适应，我国对科技体制大刀阔斧进行了改革，以促进知识形态的科学技术从潜在的生产力转化为现实的生产力。1981年，国家科委向党中央递交了《关于我国科学技术发展方针的汇报提纲》，其主要内容最终形成了"经济建设要依靠科学技术，科学技术要面向经济建设"的指导方针，为我国科技体制改革指明了方向。1985年，中共中央发布《关于科学技术体制改革的决定》，对运行机制、组织结构、人事制度等方面进行改革。具体而言，优化拨款制度，以国家拨款、项目申请、自主筹措等形式增加科研经费来源；畅通科研成果商品化的渠道，开拓科技市场；调整组织架构，促进产研一体化发展；部署科研纵深配置，加强应用研究，重视基础研究等。从中不难看出，改革的中心任务就是要解决科技经济"两张皮"的问题，推动科技经济深度融合，以科技引领一批新兴产业的发展。国务院相继推出《关于进一步推进科技体制改革的若干规定》《关于深化科技体制改革若干问题的决定》等文件，更加突出了科研生产联合的方针。在科技体制改革的推动下，我国实施了一系列指令性计划，如"863计划""973计划"、星火计划、火炬计划等，形成了科技赋能传统产业、推动高技术产业化和加强基础性研究三个层次的纵深部署来实现科技向现实的社会生产力的转化。

以江泽民同志为核心的党的第三代中央领导集体继承并发展了邓小平关于科技生产力的思想。2001年，在提出了"三个代表"重要思想后，江泽民指出："科学技术是第一生产力，而且是先进生产力的集中体现和主要标志。"阐述了"科技是第一生产力"的具体表现形式，揭示了科学技术和先进生产力的内在联系。此外，江泽民特别重视教育与人才等资源对科技的支撑作用，在1995年的全国科学技术大会上，他指出，"科教兴国，是指全面落实科学技术是第一生产力的思想，坚持教育为本，把科技和教育摆在经济、社会发展的重要位置，增强国家的科技实力及向现实生产力转化的能力"，更为广泛地整合科技资源发展先进生产力。江泽民将邓小平的科技生产力思想推向了新世纪，进一步探析了科技与先进生产力之间的关联。

党的第四代中央领导集体坚定不移推进科技体制改革，推动科技与经济结合更加紧密。胡锦涛尤其重视创新在科技发展中的作用。面对加入世贸组织带来的全球性竞争压力，他指出要靠科技创新突破发展困境，把增强自主创新能力摆到全部科技工作的首位。2006年，国务院发布《国家中长期科学和技术发展规划纲要（2006—2020年）》，贯穿其中的核心思想就是"增强自主创新能力，建设创新型国家"。2010年，国务院颁布《关于加快培育和发展战略性新兴产业的决定》，拟定了节能环保、新一代信息技术、生物等七个产业为重点发展方向。此外，在大力实施科教兴国的基础上，我们党进一步提出了人才强国战略，强调人才是科技创新的关键。

这一时期，我们党实现了马克思主义科学技术思想和生产力学说上的突破，从科技是第一生产力到科技是先进生产力的集中体现和主要标志，再到重视自主创新与人才资源，我们党将这一理论层层推进，为新质生产力的出场做了大量的理论探索。实践上，我国科技体制愈发完善，科技水平突飞猛进，新兴产业日渐成熟，为新质生产力的出场提供了实践基础。

3. 新质生产力的出场（2012年以来）

党的十八大以来，以习近平同志为核心的党中央高度重视科技创新工作，深刻认识和遵循经济发展规律和科研规律，针对我国经济情况和科技事业面前的突出问题和挑战，提出了一系列关于科技创新的重要论述，是习近平新时代中国特色社会主义思想的重要组成部分。在这一思想的指导下，我国着力加强创新创业创造，推动战略性新兴产业从培育壮大到引领发展的跃升，新质生产力呼之欲出。

党的十八大报告提出："科技创新是提高社会生产力和综合国力的战略支撑，必须摆在国家发展全局的核心位置。"将科技创新在今后工作中的地位提到了新高度。在2014年的两院院士大会上，习近平总书记指出："只有把核心技术掌握在自己手中，才能真正掌握竞争和发展的主动权"，"我们没有别的选择，非走自主创新道路不可"。从应对百年未有之大变局的角度揭示了科技创新的重要性和必要性。在2015年的全国两会上，习近平总书记首次提出"创新是引领发展的第一动力"，扩充了"科技是第一生产力"的内涵，其背后逻辑在于几十年间世情国情的转变，更加突出了创新在当下对经济发展的推动力。党的十九届五中全会公报提出，要"把科技自立自强作为国家发展的战略支撑"。在2021年两院院士大会上，习近平总书记再提"科技自立自强",并为其加上"高水平"前缀,说明了科技创新在中华民族伟大复兴战略全局中的支撑引领作用。在2020年科学家座谈会上,习近平总书记将先前提出的"三个面向"扩充为"四个面向",指出科技创新要"面向世界科技前沿、面向经济主战场、面向国家重大需求、面向人民生命健康",指明了科技创新的价值导向。2023年7月,习近平总书记在江苏考察时强调"中国式现代化关键在科技现代化",这是对"四个现代化关键是科学技术的现代化"的重大创新,强调科技创新在发展方方面面的关键作用。

十年来,我国科技事业飞速发展,成功迈入创新型国家行列,科技创新对经济发展贡献日益显现。2022年,战略性新兴产业增加值占国内生产总值比重超过13%,国家级先进制造业集群达45个,集群产值超20万亿元。这些成就与出台的一系列科技政策密不可分。2015年发布的《关于深化体制机制改革加快实施创新驱动发展战略的若干意见》凸显了改革从科技体制扩大到经济体制的鲜明导向。发布于2016年的《国家创新驱动发展战略纲要》提出要实现发展方式、发展要素、产业分工、创新能力、资源配置、创新群体的"六个转变"。2021年中央经济工作会议将科技政策作为七大政策之一提出,强调科技部门要对经济发展如培育新兴产业、创新创业等负责。具体到新产业,2016年印发的《"十三五"国家战略性新兴产业发展规划》梳理了新兴产业分类标准,部署实施21项重大工程,超前布局了未来产业。2023年8月发布的《新产业标准化领航工程实施方案（2023—2035年）》对于"新兴产业"和"未来产业"标准化发展做出系统安排，对于两者聚焦领域做出明确界定，使培育战略性新兴产业和未来产业工作受到前所未有的重视。

可以看出，以习近平同志为核心的党中央将科技创新的地位摆得越来越高，与我国发展全局的结合越来越紧密，关于新产业的政策越来越细化。基于这些理论和实践基础的铺垫，新质生产力得以产生。

三、推进新质生产力的战略、政策与抓手

加快形成新质生产力，要整合科技创新资源，组织、管理、制度等因素在其中起重要作用。上文分析新质生产力中蕴含要素的创新性和多样性，正是整合各类科技创新资源的自然逻辑基础。回顾我国关于利用科技发展生产力的政策演变为探索推动新质生产力的实践路径寻觅历史经验。立足于上文两部分的分析，本文将依次从宏观战略、政策、抓手三个层次对加快新质生产力的形成给出建议。

1. 战略定位

党的二十大报告提出，"科技是第一生产力、人才是第一资源、创新是第一动力"，这一论述是意蕴深刻、内在联系的有机整体，是塑造新质生产力的指导方针。我国从改革开放以

来提出并深入实施了科教兴国战略、人才强国战略和创新驱动发展战略，一体推进建设教育强国、科技强国、人才强国，为塑造新质生产力提供战略性支撑。

第一，坚持教育优先发展，实施科教兴国战略。科教兴国战略的提出就是为了通过重视教育来增强科技实力及其转化为现实的生产力的能力。当前实施这一战略，更要注重系统观念，将教育、人才、科技等要素作为一个整体来谋篇布局教育事业，坚持"把稳中心，顾好两头"。把稳中心，就是要坚持学校与企业联合培养这一中心方法论。教育要切实转化为生产力，就要在培养过程中与生产深度融合。地方政府应牵头组织学校和企业拟定长期培养协议，特别是要着重与当地新兴产业开展合作。顾好两头，就是一方面要培养好行业尖端人才，另一方面要注重提高一般劳动者素质。在新兴产业和未来产业的员工构成中，承担研发任务的尖端创新人才固然是引领行业发展的主要力量，但整个产业的发展也需要具备一定技术素养的一般劳动者运转。我国在高校培养尖端创新人才上卓有成效，近年来的青年领军人物已经逐渐成为科研的中间力量，但在中等专科和高等专科院校的人才培养上则略有不足。要重视专科学校的教学质量，增设前沿产业的相关课程，地方上要安排专科学院与本地新兴产业开展联合培养，为新质生产力提供基础性人才支撑。

第二，坚持人才引领驱动，实施人才强国战略。聚焦人才从参与工作到产出成果的全过程，以服务人才为引导，深化人才发展各环节体制机制改革。首先，深化人才引进机制改革。全面建设社会主义现代化国家的伟大实践，要求形成"聚天下英才而用之"的宏大格局。要增强科研工作者在人才引进中的话语权，形成"人才引进人才""人才推荐人才"的良好局面。发挥国家重大科学工程、国家科技重大专项等对人才特别是海外尖端人才的吸引力，争取"引得来，留得住，用得好"。其次，深化人才发展机制改革。深刻领悟党管人才原则的真正内涵，将其与行政化的科研体制区别开来。党管人才重点是管宏观、管政策、管协调、管服务，并不是要包揽人才工作的各方面。一方面，要下放一定权力给科研人员，使其在科研项目上能按照研发规律自主调配项目资金、人员流动等。另一方面，选配行业内管理人员专职行政，尽量避免让在研人员参与行政事务。再一方面，深化人才评价机制改革。在职称评定、荣誉评定、项目评审等评价体系各方面，要进一步清理唯论文、唯课题、唯职称、唯资历、唯奖项的情况。特别是在应用研究人才评价上，要突出成果导向，以评价制度为"指挥棒"，推动科研项目与市场需求相结合，使成果转化为生产力。

第三，坚持科技自立自强，实施创新驱动发展战略。创新驱动发展战略是党的十八大以来我们党提出的关于科技引领发展的重大战略，相较于先前提出的科教兴国和人才强国战略，它在谋篇布局上涉及领域更为广泛，在动力选择上更强调科技创新。创新驱动发展战略是一项十分宏大的工程，内涵极为丰富，要发挥好这一工程对塑造新质生产力的支撑作用，须把握好以下几个主要方面：在国家层面，加强基础研究支持。要发挥社会主义制度前瞻性布局的优势，为培育未来产业打下坚实基础；在社会层面，强化企业创新主体地位，激励企业加大研发投入力度，完善政府服务体系；在个体层面，激发人才创新活力，健全人才评价和激励体制，塑造创新创业社会风气；在制度层面，完善科技创新体制机制，特别是科技与经济相关制度，如科研资金管理制度、知识产权保护和转让制度、科技成果评价机制等。总之，就是要突出科技创新的目的是驱动经济社会发展。

2. 政策协同

改革开放以来，我们党始终坚持把握时代潮流、尊重经济规律、结合中心任务，在不同的历史时期制定了相应政策来推动科技事业的进步和生产力的跃升。从过去的举国体制到如今的新型举国体制，我们探索出有效市场和有为政府相结合这一具有鲜明中国特色的方法论，将其应用到科技成果从"实验室"到"大市场"的全过程，能助推新质生产力的快速形成。

首先，在科研立项上，坚持政府引导、市场调节共同作用。科研项目的选择种类多样，基础研究或应用研究，长期研究或短期研究，本质上在于投入与产出的比例。有的项目研发周期长，收益难以短期见效；有的项目难度较小，收益却相对可观；有的项目收益不明显，属于利于公众的"隐性"收益等。企业是科技创新的主体，也是投入研发资金的主体，但如果任由市场调节科技资源的配置，那么一些基础研究，或带有福利性质的科研项目就得不到充足的资源，最终导致科技创新的后劲不足。同样若完全依靠政府来分配科技资源拟定研发项目，那将压制企业创新的主观能动性。特别是具体到地方，地方政府属于行为个体，在科技事业上也有逐利性，如果只为本地发展或是追求科技"政绩"而违背经济规律强制推行科技项目，将会打乱科技要素市场，降低创新效率。因此，要坚持有效市场和有为政府的结合，政府通过制定针对性政策引导科研方向，特别是对于收益见效慢的基础研究，要通过财政补贴、税收优惠、资源倾斜等方式鼓励企业参与；但同时应当坚持政策的主要目的是激发市场活力，不可过度干预，要发挥市场在科技资源配置中的决定性作用，提高资源配置效率。

其次，在研发过程中，坚持政府主导、市场决定的协同攻关体制。新型举国体制中强调"产学研"一体化协同攻关模式，实际上，这一模式不仅在攻关关键核心技术中发挥关键作用，同样对地方发展战略性新兴产业和未来产业有重要借鉴价值。"举国"强调的是在政府组织下，社会各界多元主体都参与到研发中来，形成协同合力；"新型"则强调相较于计划经济时期的体制，如今更注重发挥市场决定性作用。"产学研"不会自发形成有机整体，归根结底，只有客观上市场需要，"产学研"才有一体发展的内在动力。政府在此过程中起到的作用就是通过制定现实政策具现这一趋势，在市场决定的前提下，以外力加速多元主体的联合，为结成"政产研学"创新联盟提供服务。第一，政府要搭建对话平台，为"产学研"各创新主体合作提供契机；第二，要积极充当连接各创新主体的纽带，根据不同企业、高校、科研院所的专长主动牵线搭桥，引导协同创新的方向；第三，要协调好各创新主体之间人员调动、资金流动、利益分配等方面的关系，发挥"压舱石"作用。

最后，在成果转化时，坚持政府保障、市场评估以畅通渠道。国家知识产权局统计，2022年我国发明专利产业化率为36.7%，其中，企业为48.1%，科研单位为13.3%，高校仅为3.9%，远低于发达国家。这既是把企业作为创新主体的原因，也是阻碍新质生产力形成的痛点。究其原因，可以总结为以下几点：一是不能转。此问题与科研项目本身有关，主要在于没有坚持面向经济主战场，所做研究产生不了实际经济价值。二是不想转。部分研究人员重理论而轻应用，对成果转化缺乏积极性。三是不会转。科研成果转化是一个复杂的过程，即便是部分小微企业，也会知难而退。四是不敢转。部分研究领域成果转化的配套措施暂时空白，相关法律、制度的缺失使研究人员担心成果流失。针对这些问题，政府应发挥职能提供保障：一是落实完善知识产权保护相关法律，规范知识产权转移程序制度等政策；二是以政府信用背书，联系有能力转化科研成果的企业对接高校和科研院所；三是为有意愿转化科研成果的单位提供相关服务，协助其熟悉流程；四是组织领域内专业人士对现有科研成果进行评估，评估标准取决于市场调研结果，结果优秀的推动其转化，结果不合格的提出意见建议。

3. 具体实施

塑造新质生产力，习近平总书记作出的重要论述为其指明大方向，中央和地方出台政策、优化体制为其提供支撑保障，最终要落实到现实的产业构建中去，还需要一系列具体措施。各地政府要结合当地实际情况，找到合适的抓手发展新兴产业和未来产业。

首先，围绕重大科技工程，引领产业发展。一项重大科技工程的落地，不仅要求对科学原理的高度掌握，而且要求背后有全面的产业体系作为支撑，以质促效，助力于中国式现代化。如国产第一艘航空母舰山东舰，有532家配套单位参与了研发过程，其中非军工的社会单位达412家，航母甲板对强度的要求推动特种钢技术的突破，雷达通讯设备带动电子信息产业的发展，电磁弹射技术的突破倒推民用电池储能技术的升级等。再如海南"深海一号"生产储油平台、贵州"天眼"射电望远镜、安徽"人造太阳"核聚变实验装置，从设备材料到制造工艺，从数据处理到智能控制，由内而外的各个生产环节，推动了上下产业链供应链的全面进步。各地政府要结合当地资源和区位优势，主动申办符合适合自身实际情况的重大科技工程，将其作为引领战略性新兴产业和未来产业发展的重要引擎。在建设重大科技工程的过程中，构建本地特色新兴产业为其服务；在工程取得成果后，推动高水平科技转为民用实现量产，反哺相关产业。

其次，建好科技产业园区，发挥集聚效应。党的十八大以来，在创新驱动发展战略的作用下，我国各地涌现了一批高新技术产业园，日渐成为新的经济增长引擎。例如上海张江科学城，2022年规上工业总产值3702亿元，占上海比重9.1%，在上海总体规上工业产值下降的情况下保持了6.1%的增长率，体现出新兴产业的强劲动力；苏州工业园区，2022年完成规上工业总产值6850.2亿元，比上年增长7.0%，其中工业战略性新兴产业产值、高新技术产业产值占规上工业总产值比重分别达到58.5%和74.8%。科技产业园区的成功在于其空间上的"集聚效应"：一是基础设施共同使用，生产高效。同为战略性新兴产业，在基础设施需求上较为相似，如大量电能供应，高密度覆盖的5G基站等，建设园区有利于集中供应，提高效率节省成本。二是新兴产业融合发展更为便利。当今科技发展呈现学科交叉融合的态势，推动产业园区中数字信息、化学工程、能源动力等不同领域的新兴产业彼此相近，更易互相赋能形成"1＋1＞2"的叠加效应。三是产学研一体化，科技成果转化畅通。园区将高校、科研院所、高新企业汇聚一地，打造从基础研究、应用试验、投入量产到价值产出的完整链条，有利于科研成果的就地转化。

最后，立足本地优势资源，推动传统产业升级和谋划未来产业。因自然地理条件的不同，我国各地区在几十年的现代化建设中逐渐形成了具有自身特色的产业体系。如东北地区依托丰富的矿产资源建立起重工业基地，东部沿海地区凭借良好的水运条件发展起远洋船舶制造业等。再细化到省市乃至乡镇，各地区都有本地的支柱产业，如河南省土地平旷，农业发达，酒泉市依靠航天工程，建立起配套的航天产业。当地政府要立足本地已有优势产业，运用信息技术、人工智能、物联网等数字化智能化技术进行赋能，在项目规划、生产运营、检修维护各环节实现效率和质量上的升级，让传统产业再度焕发新的活力，实现生产力水平的跃迁。高水平大学是各地宝贵的科技创新资源，各地政府要围绕高校特长专业发展相关产业。例如，安徽合肥，中国科技大学拥有电子信息工程、生物科学、计算机科学与技术等国家特色专业和一系列学科评估为A＋的专业，安徽充分发挥这一资源优势，围绕中国科大建设"科大硅谷"，已在量子信息、核聚变、集成电路、生命健康等领域取得关键性技术突破，计划将其打造成战略性新兴产业集聚地和未来产业诞生地。

新质生产力
培育新动能

下篇

加快形成新质生产力
与推动东北全面振兴

张占斌
- 中共中央党校（国家行政学院）中国式现代化研究中心主任、马克思主义学院教授

◎ 新质生产力中的"新"，指的是新技术、新模式、新产业、新领域、新动能；新质生产力中的"质"，指的是物质、质量、本质、品质；新质生产力中的"生产力"是推动社会进步最活跃的要素，社会主义的根本任务就是解放和发展生产力。

◎ 新质生产力的提出，意味着党中央将以更大决心推动以科技创新引领产业全面振兴，以产业升级构筑新竞争优势、赢得发展主动权。

◎ 新质生产力不仅为东北全面振兴提供了解决方案，而且释放了驱动高质量发展的新动能，为东北全面振兴乃至全国创新发展进一步明晰了行动方向。

2023年9月，习近平总书记前瞻性地提出一个新概念——"新质生产力"。在9月7日召开的新时代推动东北全面振兴座谈会上，习近平总书记指出，积极培育新能源、新材料、先进制造、电子信息等战略性新兴产业，积极培育未来产业，加快形成新质生产力，增强发展新动能。在听取黑龙江省委、省政府工作汇报时，习近平总书记再次指出，整合科技创新资源，引领发展战略性新兴产业和未来产业，加快形成新质生产力。当前，我国经济已从高速增长阶段进入高质量发展阶段，经济发展对生产力提出了新要求，为了适应高质量发展阶段的新要求，习近平总书记创造性地提出了"新质生产力"的概念，是基于东北地区的经济转型发展、创新驱动发展和区域协调发展等多重考量，为东北地区全面振兴乃至全国创新发展进一步明晰行动方向，为我国实现高质量发展、推进中国式现代化建设提供了重要指引。

一、新质生产力的内涵与特征

历史唯物主义强调，生产力是人类改造自然、征服自然的能力，是人类社会生活和全部历史的基础，是推动人类文明不断向前发展的决定力量和动力源泉。传统生产力条件下的经济增长主要依靠大量的资源投入，依靠高度消耗资源能源。不同于传统生产力，新质生产力具有丰富的内涵，代表生产力演化过程中的一种能级跃升，是科技创新发挥主导作用的生产力，以高效能、高质量为基本要求，以高新技术应用为主要特征、以新产业新业态为主要支撑、正在创造新的社会生产时代的生产力。新质生产力中的"新"，指的是新技术、新模式、新产业、新领域、新动能；新质生产力中的"质"，指的是物质、质量、本质、品质；新质生产力中的"生产力"是推动社会进步最活跃的要素，社会主义的根本任务就是解放和发展生产力。

新质生产力是生产力要素全新质态的生产力。马克思指出："生产力，即生产能力及其要素的发展。"生产力主要包括劳动者、劳动对象和劳动资料三个基本要素。与传统质态生产力相比较，新质生产力的新性质关键在于三个方面。一是新劳动者。劳动者是生产力的能动要素，也是最重要的要素，新劳动者需要有知识化和专业化创新能力，包括科学发现、技术发明和技术知识产品化以及市场规模化的能力，劳动者只有掌握必要的高新科技知识和劳动技能，才能驱动高新科技化的劳动对象和劳动资料。在信息化、数字化推动下，新劳动者接受了远超历史上任何时代的教育和训练程度，其视野、知识、能力等得到大大拓展和提升，高技能人才、大学生、研究生成为新劳动者的主体。二是新劳动对象，即以新物质、新材料和数据资源等为关键劳动对象。劳动对象是人类活动对象化发展的产物，伴随着科技创新的推进，人类劳动对象发生了极大变化，体现为传统劳动对象的数智化，同时又出现了新材料、新能源、信息数据等新的劳动对象，随着人工智能、生物技术、新能源技术等领域的发展，劳动对象的范围和领域还在不断扩大并可释放出巨大的生产效能。三是新劳动资料（劳动工具）。新世纪以来，人工智能等数字技术加快发展，传统劳动资料与数智化劳动资料融合升级，工业化和信息化融合发展，传统机械为主的生产工具发生颠覆性变化，实现数智化升级，大工业时代的劳动过程向平台化、生态化、共享化、远程化生产协作转变，促进了生产的线上线下有机结合、数字经济与实体经济有机融合，产供销、服务和消费一体化发展，极大提高生产效能和效益。

在生产力三大要素都发生了质变的背景下，生产力本身自然会跃升到新质阶段。这类内在新性质决定了新质生产力具有高创新性、高虚拟性、高流动性、强渗透性、高协同性、高价值性的外在特征。新质生产力是以高新科技创新驱动内涵式发展的，是面向世界科技前沿、面向经济主战场、面向国家发展需求、面向人民美好生活的社会生产力新形态。习近平总书记对"新质生产力"这一概念的提出和阐释,是马克思主义生产力理论的重要创新,为我们整合科技创新资源,引领发展战略性新兴产业和未来产业,增强发展新动能、构筑经济发展新引擎、塑造高质量发展新优势提供了重要指引。

二、新质生产力的提出背景

生产力发展到新阶段的历史必然性。自工业革命以来,人类又经历了数次科技革命,生产力以前所未有的速度和规模发展,为新质生产力的形成和发展进行了量的积累。在当今世界百年未有之大变局的背景下,在经济领域出现新质生产力,是符合大趋势和大逻辑的自然演进。今天全球正在发生新一轮科技革命和产业变革,人类生存、生活、生产方式发生着深刻的根本性变化,出现了质的飞跃。改革开放特别是进入到新时代以来,我国经济社会快速发展,有了巨大的量的积累,正在发生从高速度到高质量的转型升级,这种转型升级包括量变和质变,因此涌现出新质和新质生产力。新质生产力将科技创新视为一种相对独立的生产力形态,更加强调科技创新对生产要素融合的统领性作用,科学技术通过应用于生产过程、渗透到生产力诸要素中而转化为实际生产能力,促进并引起了生产力的深刻变革和巨大发展,新质生产力既是我国经济发展的趋势性现象,也是生产力实现新跃迁的目标。

新时代发展理念的一脉相承性。发展理念是对发展的本质性认识,对发展实践起着根本性的指导作用。党的十八大以来,以习近平同志为核心的党中央在坚持和继承党的发展观的基础上,深刻总结国内外发展经验教训、深入分析我国发展面临的新形势新特点、紧密结合中国特色社会主义建设的新实践新要求,于2014年提出了经济发展新常态的重大判断,在党的十八届五中全会上提出了"创新、协调、绿色、开放、共享"的新发展理念,党的十九大报告作出了"我国经济已由高速增长阶段转向高质量发展阶段"的科学论断,党的二十大报告进一步指出:"高质量发展是全面建设社会主义现代化国家的首要任务。""必须坚持科技是第一生产力、人才是第一资源、创新是第一动力,深入实施科教兴国战略、人才强国战略、创新驱动发展战略,开辟发展新领域新赛道,不断塑造发展新动能新优势。"从"经济新常态""新发展理念"到"高质量发展""新质生产力",整个过程是一脉相承的科学推进。"经济新常态"构成了我国经济发展的基本语境,"高质量发展"提出了塑造我国未来前途的大逻辑,"新质生产力"则释放了驱动高质量发展的新动力。新质生产力的提出,意味着党中央将以更大决心推动以科技创新引领产业全面振兴,以产业升级构筑新竞争优势、赢得发展主动权。

东北全面振兴的现实紧迫性。习近平总书记反复强调,东北地区是我国重要的工农业基地,维护国家国防安全、粮食安全、生态安全、能源安全、产业安全的战略地位十分重要。党的十八大以来，习近平总书记先后十次踏上东北大地考察调研，一遍遍分析研判，找准症结、对症下药，为推动东北振兴作出一系列重要指示。东北振兴战略实施二十年来，东北从转型发展的阵痛中逐渐走出，一步步迈入全面振兴蓄势待发的新阶段。然而，东北在体制机制、经济结构、对外开放、思想观念方面存在着短板和弱项，尤其科技创新不够、要素融合不足、生产力重塑不强，亟待新质生产力来有效破解发展瓶颈。一是经济转型发展的主要引擎，亟需向新质生产力转换，新质生产力对应的是新的生产方式、新的科学技术和新的产业形态，这正是东北地区经济转型所需要的发展模式。二是创新驱动发展的重中之重，亟需向新质生产力转移。新质生产力强调的是创新，突出高质量发展新动能，这正是东北地区有待提升的核心竞争力。三是区域协调发展的促进力量，亟需向新质生产力集聚。促进区域协同创新、资源共享和优势互补，也是新质生产力渗透和扩散的应有之义，是实现区域协调发展所需要的牵引力量。习近平总书记在东北考察时首次提出"新质生产力"，既是因为新时代以来他一直把科技创新作为引领东北全面振兴的关键一招和动力来源，也因为科技创新不仅仅只适用于东北，对整个中国实施创新驱动发展战略、实现高质量发展都具有重要指导意义。

三、加快形成新质生产力的重要战略意义

塑造国际竞争新优势。近年来，我国经济发展面临复杂的内外部环境，世界百年未有之大变局加速演进，新一轮科技革命和产业变革与我国加快转变经济发展方式形成历史性交汇。生物科技、新能源、新材料、低碳环保领域产品创新和技术革新不断涌现，大数据、云计算、区块链、人工智能等新一代信息技术深刻改变人类生产方式和生活方式，科技创新发展速度之快、辐射范围之广、影响程度之深前所未有，成为国际战略博弈的主要战场，正在重构全球经济和创新版图。我国面临一些西方国家"科技战"，"脱钩断链"的外部风险挑战明显增多，因此我们必须增强忧患意识，发挥科技创新增量器作用，加大源头性技术储备。加快形成新质生产力，积极培育未来产业，发展战略性新兴产业，是统筹发展和安全的重要保障，是新时代我国在激烈的全球竞争中取得优势的关键，是我国实现高水平科技自立自强、抢占未来发展制高点、构筑大国竞争新优势的突破口和支撑点。

增强高质量发展新动能。党的二十大报告强调："高质量发展是全面建设社会主义现代化国家的首要任务。"我国正处在全面建设社会主义现代化国家开局起步的关键时期，新的使命任务和新的发展环境都对经济发展提出了更高的要求，必须更好统筹经济质的有效提升和量的合理增长。当前，我国传统

数量型"人口红利"逐渐减少，资本投资效率偏低、收益递减，资源环境压力约束不断增多，传统生产力条件下的经济增长模式越来越难以为继，经济进一步发展只能依靠以科技创新推动的全要素生产率的提升。新质生产力的形成过程要求充分整合科技创新资源和现有产业基础，推动要素质量提升和资源配置效率改善，是先进生产力替代传统生产力，更高质量、更有效率、更可持续发展模式加速形成的过程。新质生产力突破传统经济增长模式，是新形态的生产力类型，能够大力推动经济发展质量变革、效率变革、动力变革，能够有效释放高质量发展的新动力。

夯实现代化产业体系根基。构建新发展格局、推动高质量发展必须加快建设现代化产业体系。习近平总书记在主持召开的二十届中央财经委员会第一次会议上强调，加快建设以实体经济为支撑的现代化产业体系，把握人工智能等新科技革命浪潮，高效集聚全球创新要素，推进产业智能化、绿色化、融合化，建设具有完整性、先进性、安全性的现代化产业体系。现代化产业体系是新质生产力居于主导地位的生产力系统，新质生产力是现代化产业体系的本质。有别于传统生产力，新质生产力涉及领域新、技术含量高，必然是科技创新发挥主导作用的生产力，代表着中国社会生产力新时代演化进程中的一种能级质变。构建现代化产业体系，是生产力系统实现改旧纳新、推陈出新的演化进程，是新质生产力规模不断扩大、带动作用不断增强的过程。培育和塑造新质生产力是构建现代化产业体系的必然要求，也是遵循可持续发展基本原则，强化产业源头技术创新和产业系统创新能力，不断提升国家综合实力与国际竞争力并实现高质量发展的必然选择。

四、东北发展新质生产力的优劣势条件

习近平总书记在新时代推动东北全面振兴座谈会上指出，2018年9月在沈阳召开深入推进东北振兴座谈会以来，东北三省及内蒙古在推动东北振兴方面取得新进展新成效，国家粮食安全"压舱石"作用进一步夯实，产业安全基础不断巩固，能源安全保障作用不断强化，生态安全屏障不断筑牢，国防安全保障能力稳步提升，改革开放呈现新气象。相关数据显示，2023年上半年，东北三省实现地区生产总值2.7万亿元，同比增长5.8%，高于全国平均增速。这说明，东北地区近几年的发展成效较为明显，为进一步发展新质生产力奠定了较好基础。

东北地区长期拥有科教优势和较好的人才优势。东北高校、科研院所特别是国家级科研院所的数量排在全国前列，科技创新资源比较丰富、研发力量较强，高校工科特色优势和制造业创新能力特色优势相得益彰，技术价值创造能力和经济价值创造潜力较强。近五年来，通过实施创新驱动战略，黑龙江研发经费投入年均增长5%，技术合同成交额年均增长28.5%，国家

认定的高新技术企业由 2017 年 929 家增长到 3605 家；吉林省综合科技创新水平位列全国第 19 位，综合科技创新水平指数十年来增长了 15.09 个百分点，科技促进经济社会发展指数由全国第 15 位提升至第 11 位，研究与试验发展人员全时当量位居全国第 9 位，科研物质条件指数由全国第 8 位提升至第 5 位；近五年来辽宁省实施"揭榜挂帅"科技项目 253 项，攻克关键核心技术 29 项，拥有全国重点实验室数量达到 11 个，国家级科技创新平台 40 个，"带土移植"高水平人才团队 238 个。同时，2021 年底，东北三省开发区数量达到 252 个，国家级 63 个，省级 189 个，在七大区域中位居中游，创新主体快速成长，创新平台扩面提质，具备发展新质生产力的重要条件。

东北地区是"大国重工"的老工业基地，也有发展新质生产力的根基、底蕴和优势。以黑龙江为例，2022 年规模以上工业企业比上年增长 10.6%，达 4322 个；规上工业企业营收 12418.7 亿元，比上年增长 8.4%；利润总额 604 亿元，同比增长 15%。东北地区工业体系比较齐全、配套链条相对完善，拥有一批打造"国之重器"的行业龙头企业，以及在国家重大科研攻关中锤炼出的创新产业体系、创新团队体系等，具备形成新质生产力的坚实基础。东北地区科研力量曾深度参与多项国家重大创新成果研发、设计、制造，在航空航天、人工智能、现代绿色农业、新能源汽车、复兴号轨道客车等领域有着较强的创新实力，在机器人、医疗 CT、高档数控机床、燃气轮机等产品上具备一定的国际竞争力，在数字农业、生物医药、冰雪创意产业等领域有着独特的应用场景，能够以点带面、推动整体创新发展，具备形成新质生产力的优势和特色。

正如习近平总书记指出的，东北资源条件较好，产业基础比较雄厚，区位优势独特，发展潜力巨大。但东北地区发展新质生产力还面临不少问题和挑战，如在实施创新驱动发展战略方面，与国内发达地区相比存在不小的差距，创新支撑引领不够，科技创新潜力尚未完全释放，科教资源没有更好转化为高质量发展优势，产业结构调整步伐不快，市场主体质量不高、活力不足，产业链供应链还有堵点卡点，新动能接续不够，营商环境特别是法治环境、信用环境建设还有较大提升潜力，对内对外交往分割相对大、距离相对长、集聚经济相对不足等。

五、培育发展新质生产力推动东北全面振兴

习近平总书记在黑龙江考察调研期间提出新质生产力，是基于东北地区的经济转型发展、创新驱动发展和区域协调发展等多重考量，新质生产力不仅为东北全面振兴提供了解决方案，而且释放了驱动高质量发展的新动能，为东北全面振兴乃至全国创新发展进一步明晰了行动方向。

着力培育、聚集科技创新资源，健全协同高效的创新体系。

新质生产力以科技创新为引擎,以新产业为主导,以产业升级为方向。一个国家或区域要保持经济活力,一个很重要的因素就是科技资源聚集度高,科技资源规模效应明显。东北振兴要牢牢扭住自主创新这个"牛鼻子",坚持创新在全局中的核心地位,全面整合区内"大校、大院、大所、大企"资源,优化国家科研机构、高水平研究型大学、科技领军企业定位和布局,加强与区外高校、科研院所、企业等协同合作,加强企业为主体、市场为导向、产学研深度融合的制造业技术创新体系建设,加快汇聚创新资源,持续优化创新生态,争取国家战略科技力量布局,建设国家创新驱动发展试验区、国家双链融合发展试验区、国家未来产业孵化试验区,使科技资源集聚的创新效应最大化,提高科技成果转化和产业化水平,最大程度培育新质生产力。努力把东北地区人文科教优势转化为产业优势、发展优势和竞争优势,打好关键核心技术攻坚战,在新材料、新能源、精细化工、智能装备制造等领域,攻克一批"卡脖子"技术。

持续促进人力资本跃升,以人口高质量发展支撑东北全面振兴。人是新质生产力的创造者和使用者,是生产力生成中最活跃、最具决定意义的能动主体,没有人力资本跃升就没有新质生产力,新型人才是新质生产力生成的决定因素。当代科技应用,推动生产形态向信息化数智化绿色化转变,只有拥有较高的科技文化素质和智能水平,才能熟练掌握各种新质生产工具,构建信息化数智化条件下的新质生产体系。可见,掌握新质生产工具的人才，是引领新质生产力发展的重要资源与推手。针对产业转型升级与人口下降趋势，东北地区要深入实施科教兴区、人才强区战略。大力发展普惠托育服务，保持适度生育率和人口规模。大力发展基础教育，加快建设高质量教育体系，深化职普融通、产教融合、科教融汇，提升全民特别是年轻人受教育水平，提高人口素质。优化创新产业环境，加强人力资源开发利用，实施更加积极、更加开放、更加有效的人才政策，加大人才振兴的政策支持力度。打造更多创业创新平台引才聚才育才，积极申报国家引才引智示范基地，加快建设全国重要人才中心和创新高地，全方位培育引进留住用好各类优秀人才，厚植人才创业沃土，充分释放创新活力。

积极引领战略性新兴产业和未来产业，构建具有东北特色优势的现代化产业体系。产业是经济之本，是生产力变革发展的具体落地载体，新质生产力的形成依靠整合科技创新资源，引领发展战略性新兴产业和未来产业。从行业属性来看，一切利用新技术提升生产力水平的细分领域，都属于新质生产力的应用范畴，战略性新兴产业、未来产业，成为生成和发展新质生产力的主阵地。习近平总书记强调，要以科技创新推动产业创新，加快构建具有东北特色优势的现代化产业体系。要积极培育新能源、新材料、先进制造、电子信息、航空航天、生物医药等战略性新兴产业，积极培育未来产业，加快形成新质生产力，增强发展新动能。同时，加快传统制造业数字化、网络化、智能化改造，推动产业链向上下游延伸，形成较为完善的产业链和产业集群，实施产业基础再造工程、重大技术装备攻关工程、专精特新企业发展工程，增强产业链先进性和安全性。积极发挥东北地区农业、自然资源和生态环境禀赋优势，积极发展粮经饲统筹、农林牧渔多业并举的现代化大农业产业体系，加快发展风电、光电、核电等清洁能源，建设风光火核储一体化能源基地，发展生态经济、冰雪经济和海洋经济。

打造良好发展环境，为新质生产力的形成保驾护航。第一要提升东北地区的对内对外开放合作水平。新质生产力和现代化产业体系的形成不能闭门造车，需要整合利用国内外各种创新资源，需要"引进来"与"走出去"并重。东北是我国向北开放的重要门户，在地理区位上与6个国家关联。要增强前沿意识、开放意识，加强与东部沿海和京津冀的联系，深度融入共建"一带一路"，在畅通国内大循环、联通国内国际双循环中发挥更大作用。第二要系统布局建设东北现代基础设施体系。新质生产力被定义为大量运用大数据、人工智能、互联网、云计算等新技术，与高素质劳动力、现代金融等要素紧密结合进而催生新产业、新产品和新业态的生产力。因此要加快推进5G基础设施、大数据中心、人工智能和工业互联网、特高压、新能源汽车充电桩等新型基础设施建设，承托新质生产力发展的"硬件"需求。第三要营造良好的营商环境和政治生态。和传统意义上的生产力相比较，人才在新质生产力中起决定性作用，对良好政治生态和营商环境有着特别的需求。只有政治生态风清气正，营商环境良好，人才第一资源的作用才能更好发挥，不适应新质生产力发展的体制机制障碍才能清除，新质生产力的竞争力才能得以放大。因此，东北各级干部要树立正确的政绩观，激发干事创业热情，全面构建亲清统一互动的新型政商关系，解放思想、转变观念，增强市场意识、服务意识，将习近平总书记为东北全面振兴擘画的宏伟蓝图转化为"路线图""施工图"，牢牢把握时代使命，坚持守正创新、真抓实干，加快通过大力发展新质生产力来提升高质量发展新动能，重振雄风、再创佳绩。

以新质生产力增强发展新动能

余 振
·武汉大学经济与管理学院副院长

◎ 新质生产力本质在于科技创新驱动,以人才作为第一资源,充分发挥科技第一要素作用,探索新兴产业发展新路径,助推经济高质量发展。

◎ 新质生产力的形成以技术创新为关键发力点,应深刻认识到创新在经济高质量发展中的核心地位,生产力"新质"的变迁飞跃,加速引领培育新兴产业和未来产业。

◎ 新时代背景下,湖北应利用好既有优势,多措并举协同促进新质生产力的形成和发展,增强发展新动能,实现生产力"新质"突破。

一、新质生产力本质在于科技创新驱动

改革开放以来，我国经济发展由高速发展向高质量发展过渡，全球科技创新进入空前密集活跃的时期，呈现多极化发展趋势，新一轮科技革命和产业变革正赋予新时代生产力新特征。与传统生产力相比较，新质生产力摆脱了高消耗、高污染、低附加值的生产方式，以科技创新为引擎，融合人工智能、大数据、新能源、新材料等技术，走低消耗、高效能、高质量、环境友好的新经济增长路径，培育新兴产业和未来产业，符合当前高质量发展要求。

新质生产力，"新"在具有高技术水平的新型劳动者，高素质人才决定了新质生产力的发展，是新质生产力的创造者和发展者，人力资本的发展推动科学技术突破，带动生产力质的飞跃，成为新质生产力中具有决定意义的能动主体；"新"在具有高技术特征的生产工具，在劳动资料中起决定作用的是生

产工具，新时代科技革命赋予生产工具高新科技化特征，新能源、新材料、人工智能、互联网、云计算等新型生产工具改变传统生产方式，是推动新质生产力发展的内在动力，为开辟新发展赛道提供新动能新优势；"新"在具有高新特点的新产业，高素质的劳动者大量运用大数据、区块链、人工智能等新技术催生出具有竞争力的新兴产业和新业态，创造具有高附加值的新产品，人类在科技创新发展中再次迎来生产力水平质的跃迁，实现生产力的大解放。究其本源，新质生产力本质在于科技创新驱动，以人才作为第一资源，充分发挥科技第一要素作用，探索新兴产业发展新路径，助推经济高质量发展。

二、以新质生产力抢占发展制高点

从世界经济发展史来看，技术革命推动人类社会进步，提高社会生产力水平，是人类经济发展的重要推动力。近代以来，自蒸汽机和纺织机的发明和广泛使用，人类社会开始解放双手，实现生产过程由人力向机械力的转换；电机的发明和电力的应用，标志着人类社会第二次技术革命，实现生产过程由机械化向电气化转变；无线电技术和原子能技术的使用，预示着新一轮技术革命的开始，人类社会迈向电子时代。技术创新通过集聚效应的外部性影响生产环节，改变人类社会生产力和生产关系，使生产力要素、结构、规模、发展方向发生革命性变化，人类社会生产手段的变革催生产业革命，实现新兴产业的又一发展。当今时代，科技变革愈发成为生产力发展中最活跃的因素和最主要的推动力量，科技创新与产业进步的关系日益紧密，依靠科技创新促进人类社会进步已成为一条普遍的规律。

进入21世纪，世界大变局的调整呈现出一系列前所未有的新特征新表现，新一轮科技革命和产业变革带来的新陈代谢和激烈竞争前所未有，新一代能源、材料、人工智能、生物等领域的颠覆性技术不断涌现，不仅有力重构全球创新版图、重塑全球经济结构，而且深刻改变人类社会生产生活方式和思维方式，推动生产关系变革，给国际格局和国际体系带来广泛深远影响。从人类历次技术革命和产业革命来看，一个国家引领新技术革命发展，抢先培育新兴产业，就能率先抓住未来发展机遇，抢占新兴产业发展先机。面对世界百年未有之大变局，新一轮科技革命和产业变革与我国经济高质量发展形成历史性交汇，全球产业链分工格局深度调整。我国应以新质生产力抢占新世纪发展制高点，面向新兴科技领域未雨绸缪，积极制定前瞻性顶层设计，以全球化技术变革的视角布局新技术与新产业的发展，加大研发投入支持力度，既要转换新赛道新领域，又要改造提升传统产业，实现"两轮"并举，以新技术助推新质生产力发展，培育壮大新兴产业，前瞻布局未来产业，补齐短板加长长板，实现经济高质量发展目标。

三、新兴产业与未来产业是新质生产力的具体体现形式

熊彼特创新理论的技术推动模型认为,技术进步始于技术创新,经开发、生产、销售等生产环节,影响生产力和生产关系,并通过改变生产方式最终导致产业变革。新质生产力的形成以技术创新为关键发力点,应深刻认识到创新在经济高质量发展中的核心地位,生产力"新质"的变迁飞跃,加速引领培育新兴产业和未来产业。我国经济发展正面临复杂的外部环境,不论是推动我国经济高质量发展,还是在全球链中占据优势地位,其关键在科技创新,根基在实体经济,方向是产业变革,产业是经济之本。

新兴产业与未来产业关系国民经济社会发展和产业结构优化升级全局,是新质生产力的具体体现形式,其主要包括新一代信息技术、新能源、新材料、高端设备、新能源汽车、绿色环保、民用航空以及船舶与海洋工程装备等新兴产业,以及元宇宙、随机接口、量子信息、人形机器人、新型储能、生成式人工智能等未来产业。总体来看,二者具有技术密集、前景广阔、高附加值、环境友好四大特征。其一,技术密集。新产业的发展以新技术的应用为前提,以技术创新迭代为主要动力,在特定的历史条件和生产力发展水平下,形成科技创新—生产力革新—产业变革的发展路径,新兴产业与未来产业是目前最新前

沿技术应用的集大成者。其二，前景广阔。依托新技术的新兴产业与未来产业正处于产业生命周期的初期阶段，自身发展潜力大，此外新产业链条长、渗透力深、带动性强，将全方位带动上下游产业联动发展，形成以新产业发展带动全产业链革新的发展逻辑，优化我国产业结构，成为经济增长新动力。其三，高附加值。新兴产业与未来产业体现多学科和多领域高精尖技术的集成，重大颠覆性技术创新正在创造新产业、新业态，并通过科技与产业的深度融合，重塑全球价值链，知识、技术密集特点决定新兴产业与未来产业处于价值链高端，具有高附加值的特征。其四，环境友好。区别于依靠大量资源投入、高度消耗资源能源的传统生产力发展方式，科技创新支撑绿色低碳发展，新兴产业与未来产业以资源集约为特点，践行绿色发展理念，推进绿色低碳高质量发展，为实现碳达峰碳中和目标提供有力支撑。

四、多措并举协同促进新质生产力的形成和发展

新时代背景下，湖北应利用好既有优势，多措并举协同促进新质生产力的形成和发展，增强发展新动能，实现生产力"新质"突破。

突破性发展五大优势产业。当前，湖北需集中发展光电子

信息、新能源与智能网联汽车、生命健康、高端装备、北斗等五大优势产业，着力打造世界级产业集群，推动产业转型升级、实现从"跟跑"到"领跑"。建立五大优势产业项目建设全周期服务机制，实施一批重大产业基础设施、技术改造、科技攻关等项目。一方面，加强产业前沿技术研究，发挥高等院校、科研院所、在鄂央企的科研中坚作用，瞄准世界前沿技术方向，培植先发优势，重点解决共性基础问题；另一方面，突破产业重大关键共性技术，攻克一批"卡脖子"技术，推动关键技术产业化，增强产业核心竞争力。

加大产业链协同和供应链金融产品创新力度。厚植全省制造业优势，聚焦算力与大数据、人工智能、软件和信息服务、量子科技、现代纺织服装、节能环保、智能家电、新材料等新兴特色产业，实施链长领导协调、链主导航引领、链创协同攻关的"链长＋链主＋链创"融合工作机制，促进产业加快发展。以控制成本为核心优化营商环境，激发市场活力，打造一批千亿级航母型领航企业和百亿级龙头企业，推动大中小企业融通发展。

集中优势打造高凝聚力的科技创新平台。积极创建武汉具有全国影响力的科技创新中心和湖北东湖综合性国家科学中心，加快建设若干具有世界一流水平、支撑原始创新的重大科技基础设施。注重培育武汉光电国家研究中心、筹建人工智能与智能制造国家研究中心等一批国际一流的重大研发平台。

积极推动高水平对外开放。打造国内大循环的重要节点和国内国际双循环的重要枢纽，加快建设全国构建新发展格局先行区，加快建成中部地区崛起重要战略支点。未来，还应继续坚持以市场为导向的方针，加强国际经贸网络建设，加快搭建国际贸易数字化平台，深化国际贸易"单一窗口"建设，把国际市场需求与湖北产业发展需要结合起来，形成需求牵引供给、供给创造需求的更高水平动态平衡。

培育新质生产力　增强发展新动能

胡代松

·湖南省社科联党组书记、副主席（主持日常工作）

◎ 新质生产力是习近平总书记结合中国实际对马克思主义生产力理论的又一次创新，是新时代党领导下创造的先进生产力的具体表现形式，是我国经济社会高质量发展阶段的必然产物，是以科技创新为主的生产力推动摆脱传统增长路径、催生符合高质量发展要求生产力的过程及结果，是引领全球创新可持续发展的关键驱动要素，必将引领新时代中国社会的生产力和生产关系实现新的重大变革。

◎ 新质生产力对应的是新的生产方式、新的科学技术和新的产业形态，经济转型发展的主要引擎亟须向新质生产力转换，这正是实现"三高四新"美好蓝图所需的发展模式。

习近平总书记在黑龙江考察调研时首次提出"新质生产力"的概念，令人耳目一新，引起巨大反响。当前，湖南正在扎实推进中国式现代化的省域实践，"新质生产力"的提出和阐释，可谓恰逢其时、正当其势，为我们增强发展新动能、构筑经济发展新引擎、塑造高质量发展新优势提供了重要指引，对助推湖南将"三高四新"蓝图变成美好现实具有重大意义。

一、深刻理解新质生产力的本质内涵

准确理解新质生产力的本质内涵，是加快形成新质生产力的基础和前提。

从哲学视角看，新质生产力不仅是指劳动者的劳动能力，还包含创新创造能力，有别于传统生产力涵盖的具有一定生产经验和劳动技能的劳动者与其所使用的生产资料相结合而形成的一般意义上的改造自然的能力；从经济学视角看，新质生产力摆脱了传统增长路径，强调以数字化、网络化、智能化、绿色化、融合化为基本特征，是以科技创新为主导、符合高质量发展要求的生产力；从社会学视角看，新质生产力是社会发展到更高阶段，生产力水平也随之发展提升而呈现的新质态，更具发展内涵、潜力和优势。总之，新质生产力是习近平总书记结合中国实际对马克思主义生产力理论的又一次创新，是新时代党领导下创造的先进生产力的具体表现形式，是我国经济社会高质量发展阶段的必然产物，是以科技创新为主的生产力推动摆脱传统增长路径、催生符合高质量发展要求生产力的过程及结果，是引领全球创新可持续发展的关键驱动要素，必将引领新时代中国社会的生产力和生产关系实现新的重大变革。

具体来说，新质生产力主要包括两个方面的要点：一方面是科技创新。作为推动经济社会发展变化的影响因素，劳动者、劳动资料、劳动对象、科学技术等要素的发展应用，均有可能引发生产力的变化甚至变革，其中科技创新无疑是"最大变量"和"最大增量"，是形成新质生产力的"关键要素"，这也与习近平总书记提及新质生产力时特别强调要"整合科技创新资源"的思想高度契合。另一方面是现代化产业体系。产业是经济之本，是生产力变革的具体表现形式。在黑龙江考察期间，习近平总书记两次谈及新质生产力，提到的关键词都是"战略性新兴产业"和"未来产业"。战略性新兴产业、未来产业作为构建现代化产业体系的核心，是生成和发展新质生产力的重要支撑。

二、湖南加快形成新质生产力的优势与短板

新质生产力对应的是新的生产方式、新的科学技术和新的产业形态，经济转型发展的主要引擎亟须向新质生产力转换，这正是实现"三高四新"美好蓝图所需的发展模式。我们要结合湖南自身发展战略，把准经济社会发展内在规律和当前发展重点任务，客观分析优势，清醒认识差距，前瞻思考布局，更好地服务"国之大者""省之大计"。

湖南具有加快形成新质生产力的良好基础。近年来，湖南以科技创新引领全面创新，加速突破关键核心技术。"十大技术攻关项目"累计突破关键核心技术134项，科技进步贡献率超60%。岳麓山实验室、岳麓山工业创新中心、湘江实验室、芙蓉实验室等一批重大科创平台强力起势，使湖南区域创新能力跃升至全国第8位。"自主创新的长株潭现象"、信创产业"两芯一生态"、高性能硬质合金等成果在全国引发关注。全省制造业增加值占全省地区生产总值比重达28.2%，规模工业企业保持在2万家以上，形成3个万亿产业、16个千亿产业、4个国家级先进制造业集群，为加快形成新质生产力，构建以先进制造业为骨干、涵盖一二三产业、具有湖南特色的现代化产

业体系奠定了坚实基础。

但也要看到，随着改革开放的深入推进，一些亟待破冰、破题、破局的薄弱环节正制约湖南新质生产力加快发展。从整体创新水平看，缺少国家级战略科技平台、国家实验室、大科学装置；教育、科技、人才协同不够，难以支撑打造具有核心竞争力的科技创新高地；科技成果转化率不高，高校、科研院所科技成果实现转化与产业化的程度较低，许多专利"养在深闺无人识"。从产业体系发展看，优势产业主要集中在制造业等传统行业，新兴产业和未来产业优势不明显，本土配套率不足造成工业利润不高，存在制约产业发展的深层次、结构性矛盾。从动力来源看，改革开放的氛围不够浓，制度集成创新成果不多，改革创新力度不大，平台支撑作用不强，经济外向度和开放能级不高。

三、加快形成新质生产力，释放湖南高质量发展新动能

当前和今后一段时期，我们要坚持以"新"促"质"，以"质"资"新"，因势利导推动新质生产力发展，为加快实现"三高四新"美好蓝图、建设社会主义现代化新湖南提供不竭动力。

坚持科技创新赋能高质量发展。加快实施创新驱动发展战略，按照省委全会要求深化科技创新体制改革，推进科技创新

金融改革，探索完善核心技术攻关新型举国体制的湖南模式。突出抓好科技创新平台建设，加快推进"4＋4科创工程"，争创综合性国家科学中心、国家技术创新中心，把长沙打造成全球重要研发中心城市，为湖南升级生产力要素打好基础。大力推行重大科技任务"揭榜挂帅"等制度，持续推动创新链、产业链、资金链、人才链有机融合，前瞻规划产生新质生产力的科研方向。打破科技创新供需间的"藩篱"，形成产学研商用良性互动生态，让更多研发成果就地转化成新质生产力。加快推动科技成果转移转化，不断健全科技成果转化机制，强化中试与产业化载体，打造应用场景和概念验证中心，优化转移转化市场化服务。强化企业科技创新主体地位和作用，促进各类创新要素向企业端汇聚，充分发挥企业"出题人""答题人"及"阅卷人"的作用。

坚持构建富有湖南特色优势的现代化产业体系。新质生产力的核心是创新，载体是产业，离开产业，创新就成了无源之水、无本之木。打赢产业转型升级攻坚战，加快构建以先进制造业为骨干、具有湖南特色的"4×4"现代化产业体系，夯实新质生产力发展基石。加快推进企业设备更新和技术改造，深入实施"智赋万企"行动，推进智能化、数字化转型升级，巩固延伸特色优势产业。培育壮大新兴产业，结合国家所需与湖南所能，推进科技赋能文化产业创新工程，打造具有全球影响力的数字音视频产业链基地和媒体融合新地标。重点围绕人工智能、生命工程、前沿材料等产业，前瞻部署具颠覆性技术特征的未来产业储备。大力推进产业集群、产业链、产业生态等的全球招商，提高优势产业、新兴产业招商引资的质量和能级。聚焦"五好"目标，突出"三生融合""三态协同"，强化亩均效益导向，提高园区承载能力，建设一批先进制造业产业集群核心承载园区。

坚持改革开放激发发展活力。新质生产力带来的是发展命题，也是改革命题，必须全方位加大改革开放的力度深度效度，在打造内陆地区改革开放高地上取得新突破。深化改革开放，着力推动制度创新和高水平对外开放，为新质生产力发展赋能。全面落实中部崛起和长江经济带发展战略，推动长株潭要素市场化配置综合改革试点、中非经贸博览会创新发展，利用两个市场、两种资源，加速湖南产业转型升级，引领新质生产力发展。坚持以长沙、岳阳、湘潭、郴州跨境电商综合试验区建设、国家进口贸易促进创新示范区等开放平台为载体，积极融入"一带一路"，打破地区贸易投资壁垒，为新质生产力释放预期产能开拓海外市场。弘扬"敢为人先"的湖湘精神，坚持鼓励创新、宽容失败，建立科学的容错纠错机制，完善激励和保护担当作为的机制，激发全社会创新创业活力。

抓住数字化、智能化这一核心加速培育新质生产力

彭劲杰

·中共湖南省委党校（湖南行政学院）科技与生态文明教研部教授

◎ 推动传统产业与新兴产业协同发展，着力加快资源要素、结构、空间布局和市场等方面的协同融合，是当前湖南省培育、发展新质生产力最迫切需要解决的重大问题。

◎ 数字经济的快速发展，产业融合成为培育新质生产力的新动力。营造良好的数字生态，有助于集合行业上下游相关企业、行业科研机构和政府公共部门等的创新力量，为战略性新兴产业融合集群的发展打造"数据空间"。

◎ 做强做优做大湖南数字经济，应把关键核心技术攻关和产业链创新突破作为主攻方向。

推动传统产业与新兴产业协同发展,着力加快资源要素、结构、空间布局和市场等方面的协同融合,是当前湖南省培育、发展新质生产力最迫切需要解决的重大问题。

生产力就是竞争力,先进生产力就是核心竞争力,新质生产力就是优质竞争力。新质生产力突破了传统的经济增长方式,以高质量、高效能为基本要求,以数字化、网络化、智能化为基本特征。大力推进数字化、智能化,能有效推动传统产业转型升级,赋能新兴产业打造核心竞争力,加速培育新质生产力。

新质生产力有别于传统生产力,是现有生产力的跃升,涉及领域新、技术含量高,依靠创新驱动是关键。新质生产力特点在"新",关键在"质",落脚在"生产力"。其中的"新",是指新技术、新模式、新产业、新领域、新动能;其中的"质",是指物质、质量、本质、品质;其中的"生产力",是推动社会进步最活跃、最革命的要素。新质生产力的提出,不仅意味着以科技创新推动产业创新,更体现了以产业升级来构筑新的竞争优势、赢得发展的主动权。

新质生产力代表生产力的跃迁，其核心就是数字化、智能化。数字化引领生产力，智能化增添发展动能。推动传统产业与新兴产业协同发展，着力加快资源要素、结构、空间布局和市场等方面的协同融合，是当前湖南省培育、发展新质生产力最迫切需要解决的重大问题。推动湖南省制造业智能化改造和数字化转型，以"机器换人、数据换脑"为出发点，全面提升企业在设计、生产、管理等各环节的智能化水平，依靠技术创新推动产业创新，依靠产业升级构筑未来竞争优势。加快湖南省"智改数转"，有利于打破产业链的大数据孤岛，有利于生产信息的纵向集成和产业链的横向集成。以数据驱动引领企业运营和业务模式创新，进而形成符合高质量发展要求的新质生产力。

一、着力强筋健骨，夯实数字基础

数字经济的快速发展，产业融合成为培育新质生产力的新动力。营造良好的数字生态，有助于集合行业上下游相关企业、行业科研机构和政府公共部门等的创新力量，为战略性新兴产业融合集群的发展打造"数据空间"。

加快湖南省三大关键支撑智能化转型。着力强化以电力为基础的智慧能源支撑，加快智能电网建设，打造能源配置绿色平台，构建"多元互补"能源供应系统，使电力供应更加智能、高效和可靠。

着力强化以算力为代表的新基建支撑。对标绿色数据中心用电效率（PUE）、环保效率（CUE）、资源效率（GUE）、用水效率（WUE）等绿色核心指标，对全省51个数据中心进行整合和提质改造，融合多元算力，将国家超级计算长沙中心打造成为绿色普惠的智算中心，让智能算力像水、电一样，成为城市重要公共基础资源，为用户提供功能丰富、使用便捷的智能算力、算法服务和个性化开发服务。

着力强化以科技创新为重点的动力支撑。以产业应用技术研究为根本，以产出具有自主知识产权的核心技术为目标，以开展合同科研和技术转移为重点，着力跨越科技成果转化过程中的"死亡之谷"，推动产业应用技术研究成果转化跨越"1到10"关键阶段。

打造引才聚才"湖南样本"。人才是推动新质生产力形成的主体性力量，培育数字人才是加快形成新质生产力的重要举措。要从劳动者自身着手，以教育为本不断提升劳动者自身的素质和技能，让青年人才在"4＋4科创工程"中挑大梁，在打造"三个高地"中唱主角，在攻克"卡脖子"技术中当先锋。

二、着力谋深谋远，提升数字能力

创新的本质在于能持续不断提升企业价值，以十倍创新提升用户体验。"十倍创新"涵盖了"颠覆性创新""革命性创新"以及"从0到1的创新"等，其核心理念是"创新产品只有比现有产品好十倍才会有压倒性的优势"。通俗来说，就像高铁和绿皮火车、汽车和马车、微信和短信的对比。数字化、智能化是"十倍创新"的基础，具体而言，可以从以下方面着力提升。

以拥抱"互联网＋"AI技术推进金融创新。全球数字金融正发生颠覆性变化，无论美国的PayPal、Square，还是中国的蚂蚁金服、微信支付、微众银行、京东金融等"独角兽"，作为颠覆性创新力量，正在侵入传统金融业的商业腹地。金融创新能极大推动资本要素的聚集。

以"链式"数字化转型作为创新突破口。加大以工程机械、轨道交通装备、中小航空发动机及航空航天装备等龙头企业为主力军、1787家专精特新中小企业为生力军的"链式"数字化转型升级力度，推动形成"大企业建平台、中小企业用平台"的协同发展机制，形成上下游、大中小深度融合的数字化协同发展生态。

构筑多层次数据安全防护体系。完善数据分级分类管理机制，以"数据使用更安全"为目标，以"数据分级分类管理、角色授权管理、场景化安全管理"为核心理念，着力构建以数据安全管理体系、技术体系和运营体系为架构的全周期数据安全保障体系。加快数据要素化、资产化，充分发挥平台化服务银行和区块链、物联网等金融科技创新优势，积极参与区域性数据共享流通机制探索和数据要素交易市场试点建设。

三、着力放大优势，拓展数字应用

做强做优做大湖南数字经济，应把关键核心技术攻关和产业链创新突破作为主攻方向。推动边云协同、工业算网、TSN（时间敏感网络）、IPV6（互联网协议第6版）、信息模型等新技术部署，构建体系全、质量优、韧性强的数字产业链、供应链。聚焦应用场景创新和行业注智赋能，以典型场景为重点，分行业制定数字化转型路线图，加快数字技术在产业链各环节中深度应用。在"链"上，鼓励链主打造高质量数字平台、产品和服务，拓展数据链、服务链，带动上下游企业数字化转型升级；在"圈"上，拉动供需对接，培育集聚一批专业数字服务商，打造产业协作生态圈，融入数流全球化和全球数流化大潮，推动产业高端化、智能化、绿色化、融合化发展。

加强数字社会数字化智能化建设。聚焦民生保障重点领域，运用数字技术解决社会公共难题，深度开发各类智能化便民应用，加快发展智慧教育、智慧医疗、智慧社保、智慧就业、智慧文体、智慧住房、智慧助残等，推进信息惠民。推进湖南省学校、医院、养老院等公共服务机构资源数字化。加大配套数据信息开放共享和应用力度，推进线上线下公共服务共同发展、深度融合，积极发展在线课堂、互联网医院、智慧图书馆等，加强智慧法院建设。

打造新型智慧城市和数字乡村。一方面,分级分类推进湖南省新型智慧城市建设。统筹推进物联网感知设施、通信系统等纳入公共基础设施建设,加快市政公用设施、建筑等物联网应用和智能化改造。加快推进城市数据大脑建设。夯实城市信息模型平台和运行管理服务平台,加快完善城市数据资源体系。数字技术赋能智慧社会新生活。运用数字孪生技术,以数字技术推进城市治理智能化。另一方面,大力推进全省数字乡村建设。针对目前行政村通信网络信号质量问题,构建面向农业农村的综合信息服务体系,建立涉农信息普惠服务机制,推进乡村管理服务数字化。探索建设智能小区,发展数字家庭,拓展数字生活体验,在交通调控管理、环境保护、村容整治、食品安全、治安维稳等诸多方面,深化数字化、智能化技术应用。

提升数字政府服务效能。聚焦一体化推动、一张网布局、一条链加持,构建整体运行、共享协同、服务集成的线上线下服务型政府,高标准推进数字政府建设。加快完善评价、考核、监督与推广机制,加快完善基于数据、技术、管理、服务、安全的统一标准规范体系,高起点推进标准规范体系建设。深化"一件事一次办"品牌升级,加快"跨省通办""一网通办"等新服务模式落地,推广"湘易办"助力"指尖办、掌上办、移动查",高质量推进业务流程再造革命。加快区块链可信数字化落地,率先布局区块链可信数字化核心引擎,加快国产化替代步伐，加快实施企事业单位及金融、教育、能源、医疗、交通国产化升级工程，高水平推进软件适配生态建设。着力提升数字预警研判能力水平，为党委、政府科学决策提供精准咨询；夯实一体化政务平台，为政府推进数字化治理提供强有力支撑；提升智慧服务水平和法治水平，为优化营商环境提供高效服务。

新质生产力发展河南路径何在

赵西三

· 河南省社会科学院数字经济与工业经济研究所副所长、副研究员

◎ 区别于传统生产力,新质生产力更加突出创新驱动、数字赋能和绿色引领,摆脱了传统增长路径,更符合高质量发展要求。

◎ 形成新质生产力不可能一蹴而就,面对发展环境的复杂变化,河南首先要重点处理好三个关系,为新质生产力发展提供良好的制度环境与营商环境。

◎ 当前及未来一段时期,我国正处在传统生产力向新质生产力演化的战略机遇期,培育新质生产力是各地开辟发展新赛道、培育竞争新优势的必然要求,哪个地方抢先一步就会形成领先优势。

习近平总书记在黑龙江考察时指出，整合科技创新资源，引领发展战略性新兴产业和未来产业，加快形成新质生产力。新质生产力的提出，准确把握了新时代生产力发展的本质特征，指明了先进生产力的演进方向。河南地处内陆地区，发展阶段、资源禀赋、比较优势等与沿海地区存在差异，培育形成新质生产力，要探索契合生产力演进规律、符合区域发展实际的特色路径。

一、更加突出创新驱动、数字赋能和绿色引领

生产力是人类利用生产资料和劳动工具改造自然的能力，新质生产力是与传统生产力对应的一个新概念，是新一轮科技革命与产业变革蓬勃兴起背景下对生产力发展特征的新概括。区别于传统生产力，新质生产力更加突出创新驱动、数字赋能

和绿色引领，摆脱了传统增长路径，更符合高质量发展要求。

更加突出创新驱动的生产力。创新是生产力发展的根本动力，当前全球科技创新进入密集活跃期，基础研究、颠覆性技术、交叉创新等不断突破，技术创新与模式创新相互促进，科技创新的广度、深度和融合度持续提高，技术周期缩短，产品迭代加快，新兴产业、未来产业规模化提速，科技创新对经济增长的贡献度正在加速提升，新质生产力呈现出比传统生产力更高的创新性特征。

更加突出数字赋能的生产力。新质生产力的另外一个鲜明特征就是数据这个新要素的贡献率越来越大，伴随着数字基础设施的完善与数字技术的渗透，数据要素加速汇聚和价值化，数字赋能的广度与深度日新月异，科技创新与产业升级更加依赖数字平台和数据要素，科学研究正在向"数据密集型科学发现"范式转变，企业研发越来越以"数据为中心"进行设计和组织，数字生产力加速显现。

更加突出绿色引领的生产力。碳达峰碳中和背景下，保护生态环境就是保护生产力，改善生态环境就是发展生产力，绿色低碳技术的快速发展正在改变传统增长方式的高能耗、高污染特征，生态产品价值化凸显，绿色低碳的新业态新模式持续涌现，新能源、节能环保等领域里的新兴产业和未来产业蓬勃发展，生态产业化和产业生态化协同演进，绿色生产力加速形成。

二、处理好三个关系，聚焦四大领域

形成新质生产力不可能一蹴而就，面对发展环境的复杂变化，河南首先要重点处理好三个关系，为新质生产力发展提供良好的制度环境与营商环境。

处理好有效市场与有为政府的关系。新质生产力主要体现在科技创新、新兴产业与未来产业、数字经济等方面，演进方向需要大量企业的试错、竞争与合作，这就倒逼各级政府转变抓经济和产业的传统方式，让市场发挥决定性作用，实现有效市场与有为政府良性互动。

处理好传统优势产业与新兴产业、未来产业的关系。河南传统优势产业规模大、占比高，蕴含着新兴产业与未来产业发展空间，利用先进科技和数字技术改造就能催生新赛道，依托传统优势产业培育新兴产业与未来产业，形成的新质生产力更具根植性。

处理好内生动力与外部引力的关系。新质生产力不仅需要外部高端要素和新产业的注入，更需要培育壮大本地优质"专精特新"企业，要积极引导本地产业链与落地的平台型、链主型企业的对接，形成产业链发展合力。

当前及未来一段时期，我国正处在传统生产力向新质生产力演化的战略机遇期，培育新质生产力是各地开辟发展新赛道、培育竞争新优势的必然要求，哪个地方抢先一步就会形成领先优势。河南应立足发展阶段、突出比较优势,探索具有河南特色的新质生产力发展路径。

聚焦科技成果转化,提升创新策源力。新质生产力的核心动力是创新,结合河南科创资源特点与企业研发现状,河南省应聚焦科技成果转化重塑创新格局,构建市场驱动、需求牵引、企业主导的创新体系,在实验室、产业研究院、中试基地等建设中导入新型研发机构、创新联合体等先进理念和机制设计,引导产学研用融合发展,推进科技创新高效转化为新产业、新产品,加快形成新质生产力。同时,放大河南区位、腹地、市场等综合优势,引导链接域外高端科创资源,鼓励河南企业在发达国家、沿海地区布局研发中心,吸引国内外高等院校、科研机构、龙头企业及科创园等在河南布局研发中心、孵化器等,探索"外地创新、河南产业化"模式,把域外科创成果在河南转化为新质生产力。

聚焦"六新"突破,提升产业竞争力。新质生产力的核心载体是产业,当前产业新领域新赛道持续涌现,与先进地区相比,河南新赛道培育相对滞后,传统产业新业态新模式培育不足,新兴产业与未来产业新动能支撑不够,应围绕重点产业链提升,聚焦新基建、新技术、新材料、新装备、新产品、新业态等"六新"突破,实现"换道领跑",提升产业竞争力,加快形成新质生产力。培育新基建、新技术、新材料、新装备、新产品、新业态等已经成为后发地区"换道赶超"的关键路径,河南在新基建、新材料、新装备、新业态等领域的部分细分赛道已经具备一定的基础与优势，要把"六新"突破与重点产业链提升结合起来，以重点突破带动全局提升，培育一批新质生产力增长点。

聚焦产业数字化，提升数字赋能力。新质生产力的核心要素是数据，数字赋能是新质生产力区别于传统生产力的重要特征。当前，数据正在成为最重要的生产要素，而产业数字化是数据要素汇聚及发挥作用的载体，产业数字化占数字经济的八成左右，河南应依托产业规模大、设备数量多、场景丰富等优势，以产业数字化为重点，突出数字化带动产业高端化、智能化、绿色化，以数字化场景吸引数字技术与平台落地，鼓励中小企业导入"小快轻准"的数字化转型解决方案。当前，河南数字化转型正加快从单点突破、示范试点转向面上展开、体系融合的新阶段，应突出郑州数据交易中心引领，协同布局算据、算力、算法，培育产业互联网平台，加快数据要素汇聚和价值化开发，沉淀行业模型和产业知识，强化数字赋能，提升数字生产力。

聚焦节能环保产业培育，提升绿色生产力。新质生产力的核心支撑是生态，新质生产力就是要从根本上转变传统生产力依赖高能耗、高污染的发展模式，所以绿色生产是新质生产力的关键。面对碳达峰碳中和目标，河南在产业绿色化改造、城乡生态环境治理等方面空间广阔，部分节能环保细分领域优势明显，应突出绿色化改造与节能环保产业培育联动，深化绿色制造技术、碳捕捉技术在传统产业中的应用，探索传统产业绿色化、低碳化、生态化发展模式，带动节能环保产业发展壮大，引进培育域外绿色制造、环境服务、数字减碳平台等，推广"装备＋平台＋服务"节能环保产业发展模式，提升绿色生产力。

加强数字技术创新与应用
加快发展新质生产力

戚聿东·北京师范大学经济与工商管理学院院长
徐凯歌·北京师范大学经济与工商管理学院助理研究员

◎ 数字技术已成为新一轮科技革命的主导技术,并赋予生产力新的内涵,新质生产力这一概念就反映了新一轮技术创新引领经济社会变革与发展的趋势。

◎ 数字技术的快速发展与广泛应用为新质生产力提供了核心动力,因此,加强数字技术创新与应用是形成新质生产力的关键。

◎ 培育和发展新质生产力是一项长期的系统工程,在坚持系统谋划的同时,还需抓住现阶段发展新质生产力的主要矛盾及其矛盾的主要方面作为主攻方向。

在世界百年未有之大变局下，新一轮科技革命和产业变革加速演进，与我国全面建设社会主义现代化国家新征程形成历史性交汇。新质生产力的提出，体现了数字技术革命引致生产力跃迁的时代内涵，具有重大现实意义，是马克思主义生产力理论的重要创新。加快形成和发展新质生产力，有助于充分抓住新一轮科技革命与产业变革的机会窗口，加快建设现代化产业体系，构筑国家竞争新优势。

一、新质生产力是以数字技术为代表的新一轮技术革命引致的生产力跃迁

生产力是劳动者和生产资料相结合而形成的利用和改造自然的能力，是人类社会发展的决定力量。世界经济发展的历史就是技术驱动生产力从低级到高级、从落后到先进的演化历程。当前，随着新一轮科技革命和产业变革兴起和演化，以人工智能、

云计算、区块链、大数据等为代表的数字技术迅猛发展，不仅实现着对产业全方位、全链条、全周期的渗透和赋能，而且推动着人类生产、生活和生态的深刻变化。习近平总书记指出："数字技术正以新理念、新业态、新模式全面融入人类经济、政治、文化、社会、生态文明建设各领域和全过程，给人类生产生活带来广泛而深刻的影响。"数字技术已成为新一轮科技革命的主导技术，并赋予生产力新的内涵，新质生产力这一概念就反映了新一轮技术创新引领经济社会变革与发展的趋势。

数字技术赋予了生产资料的数字化属性。生产力的基本构成要素是劳动者和生产资料，任何构成要素的变革都会推动生产力的发展。生产资料包括劳动资料和劳动对象，马克思认为劳动资料更能彰显一个社会经济时代的主导特征，提出："各种经济时代的区别，不在于生产什么，而在于怎样生产，用什么劳动资料生产。"在数字经济时代，数字技术链接、渗透、赋能万物，赋予了劳动资料数字化的属性。智能传感设备、工业机器人、光刻机、云服务、工业互联网等数字化劳动资料，在算力、算法上所展现出的高链接性、强渗透性、泛时空性，都是以往任何技术革命无可比拟的，直接作用于数据这一新型劳动对象，实现了与再生产各环节的深度融合，打破了时空限制，推动资源要素快捷流动和高效匹配，推动着生产力的跃迁。

新质生产力是与数字化的生产资料相适应的生产力跃迁。历次技术革命都会引致生产力跃迁，形成特定时期的新型生产力。在蒸汽机时代，纺织机的发明和水力的应用，使生产力克服了劳动过程中体力的限制，发生了质的飞跃。在电气化时代，冶炼技术、内燃机和电力技术的突破，催生了大规模流水线作业的生产方式，生产力在批量化、高能耗的粗放型生产中进一步得到解放。在数字时代，生产力随着构成要素的数字化变革而发生新的跃迁，进一步形成新质生产力。由于数字化劳动资料的内在属性与技术创新关联紧密，因此，新质生产力呈现出技术创新驱动主导的典型特征。一是涉及领域新，人工智能、区块链、云计算、大数据、物联网、量子技术、智能制造等技术群逐渐聚合并引发"技术奇点"，不断催生出新技术、新产业、新业态、新模式；二是技术含量高，新质生产力以科技创新为引擎，是不断摆脱要素驱动的数量型增长模式，日益体现"质量变革、效率变革、动力变革"的高质量发展的生产力。

二、加强数字技术创新与应用，为形成新质生产力提供核心动力

数字技术的快速发展与广泛应用为新质生产力提供了核心动力，因此，加强数字技术创新与应用是形成新质生产力的关键。

加强数字技术创新。数字技术是新一轮科技革命下典型的通用目的技术，无论是新一代信息技术、新能源、新材料、先进制造等战略性新兴产业，还是6G、元宇宙、脑机接口、量子

通信等未来产业，都直接或间接地包含数字技术。可以说，新质生产力的作用范围涉及各类数字技术，强化数字技术创新就是为新质生产力布局抢占先机、赢得优势。例如，加快各种数字技术创新成果的转化和扩散，有助于培育壮大数字经济核心产业；利用数字技术的溢出效应和网络协同效应，有助于打造具有国际竞争力的数字产业集群。

加快数字技术应用。新质生产力愈益摆脱传统发展路径，强调以创新驱动高质量发展，这一过程有赖于数字技术的深层应用。相较于传统工业的粗放型大规模生产方式，数字技术的跨时空、强链接和瞬时性特征，可在一定程度上化解生产成本、产品多样性、生产周期等多目标之间的冲突，从而以柔性生产方式缓解传统制造业产能过剩的问题。因此，加快促进产业数字化，促进数字技术与实体经济的深度融合，推动传统产业尤其是制造业生产方式、组织方式的数字化转型和智能化升级，有助于优化市场的供需匹配机制和资源配置效率，铸造产业发展的新动能新优势。

突破关键核心数字技术。目前，世界各国纷纷抢占世界科技革命和产业变革的先机，加紧对数字技术创新进行战略规划和超前布局，例如美国制定了《无尽前沿法案》《2022年芯片与科学法案》《关键与新兴技术国家战略》等一系列战略规划，不断加大对关键数字技术的支持力度。德国主要以"工业4.0"为核心开展数字技术领域攻关，欧盟发布《2030数字罗盘》计划以实现数字主权,日本聚焦"超智能社会"推进科技创新。在这种激烈的国际技术竞争背景下,我国对数字技术创新非常重视,制定了一系列与数字技术相关的战略规划和实施方案,部分领域已经处于"并跑"甚至"领跑"状态,但在关键核心领域仍存在"卡脖子"现象。为此,需要面向前沿数字技术,加强基础研究,重视原始创新,正确处理好科技自立自强与开放式创新、知识产权保护与技术标准化、技术创新与技术扩散等关系,为发展新质生产力构筑具有全球竞争力的数字技术创新生态系统。

三、数字技术创新驱动形成新质生产力的主攻方向

培育和发展新质生产力是一项长期的系统工程,在坚持系统谋划的同时,还需抓住现阶段发展新质生产力的主要矛盾及其矛盾的主要方面作为主攻方向。

当务之急是实现数字技术自立自强。新质生产力以数字技术创新为引擎,数字技术可以为新质生产力的形成发展提供"筋骨"支撑。习近平总书记多次强调关键核心技术是要不来、买不来、讨不来的。必须牵住数字关键核心技术自主创新这个"牛鼻子",尽快实现高水平自立自强。实现关键核心数字技术的突破,有以下技术路线可以选择:一是"集中攻关"取得关键

突破。对于关乎国家发展和国家安全的关键核心技术，应发挥新型举国体制优势进行集中攻关，科学统筹、集中力量、优化机制、协同攻关，高效配置科技力量和创新资源，强化国家战略科技力量，形成关键核心技术攻关的强大合力。二是另辟蹊径"变道超车"。数字技术本身就是颠覆性创新的结果，各种颠覆性创新与迭代层出不穷。在颠覆性创新下，先发国家企业诚然具有较大"先动优势"，但也往往面临下一代颠覆性创新出现后"先动优势"被替代的风险，后发国家企业若致力于新一代颠覆性技术，因为技术转换成本较低，可直接"轻装上阵"迅速采用新技术，实现技术逆袭赶超。培育颠覆性技术需高度重视基础研究和原始创新，围绕具有先发优势的潜在关键技术和引领未来产业的前沿技术，及早加强战略谋划和前瞻布局。

重点方向是瞄准产业升级。产业是生产力变革的主要载体和实现形式。新质生产力形成过程的落脚点和突破口需放在产业升级上。习近平总书记指出："整合科技创新资源，引领发展战略性新兴产业和未来产业，加快形成新质生产力。"这就要求以数字技术创新和应用推动产业结构高端化，加快发展战略性新兴产业和未来产业。当前，我国数字技术正由信息互联网、消费互联网阶段向产业互联网阶段迈进，但数字技术驱动产业转型升级的总体水平仍有待拓展和提升。应紧抓新一轮科技革命和产业变革机遇，坚持数字技术创新驱动，发挥数字技术的高链接性和强渗透性，推动数字技术与传统产业的深度融合。

尤其是加快发展依托工业互联网的智能制造技术，以此促进传统产业的数字化转型和智能化升级。同时，优化基础设施布局、结构、功能和系统集成，构建与新质生产力相适应的数字基础设施，并对传统基础设施进行数字化升级，以此筑牢现代化的基础设施体系，助力建设现代化产业体系。

  关键环节是推动生产方式变革。新质生产力必然要求生产方式与之相适应。数字技术与制造业的深度融合催生了智能化定制化生产。在工业互联网智能制造平台上，企业可以根据实时大数据按需定制生产，进行生产要素的配置，合理安排生产计划，弹性释放产能，实现零库存。在这种情境下，企业的搜索成本、复制成本、溯源成本、认证成本等都会大幅下降，研发效率、采购效率、制造效率、库存效率、运输效率、营销效率等都会得以提升。与以往技术革命相比，智能化定制化生产在处理供需关系方面具有突出优势，其中，数据作为新型生产要素发挥了重要作用。基于大数据的应用，工业互联网能够突破时间和空间的限制，通过与组织内各层级业务活动及流程进行差异化动态匹配，实现对各生产要素的调度和优化配置，促进产业链协同发展。数据要素依托数字技术实现了供需两端的贯通，从而使得企业生产由大规模标准化生产逐渐转为定制化生产甚至个性化定制，能够更好地适应快速变动的市场环境和消费者个性化需求，更好维持供需两端的动态平衡。现阶段，我国智能化定制化生产方式还远未普及，为此需要把发展的着力点真正放在实体经济上，加快数字技术和实体经济的深度融合,加大工业互联网的普及力度,实现实体经济特别是制造业的数字化转型智能化升级,以生产方式的转变加快形成新质生产力。

基础因素是数字技术人才。人是生产力中最活跃的因素,符合数字技术创新需求的创新型人才是形成新质生产力的重要因素。一方面,聚焦国家的技术战略需求,促进人才结构合理布局和协调发展,努力培养造就从战略科学家、一流科技领军人才和创新团队,到卓越工程师、大国工匠的各类互补性人才,使其具备以数字技术为主体的多维知识结构,能够熟练掌握与新质生产力相适应的生产资料,从而实现产业链创新链的有效链接。另一方面,完善支持全面创新的人才发展基础制度。深入贯彻中共中央、国务院制定的《深化新时代教育评价改革总体方案》,在人才教育制度、评价制度、培养制度、考核制度等方面大胆探索,"不拘一格降人才"。鼓励、引导广大科技人员敢于提出新理论、开辟新领域、探索新路径。特别是在前沿技术的基础理论研究方面,为保障科研人员顺利度过基础理论从提出到落地的"空窗期",以及原始创新从"从0到1"突破的"冷板凳期",需要构建更加包容的科研管理机制和创新文化生态。

数字新质生产力推动经济高质量发展的逻辑与路径

任保平·南京大学数字经济与管理学院院长
王子月·西北大学经济管理学院硕士研究生

◎ 数字新质生产力是新质生产力的重要方面，是指将数字技术创新和数据要素双轮驱动赋能生产力变革而形成的具有新技术、新要素、新方式的新质生产力。数字新质生产力以数字化和智能化为核心，借助数字技术将不同生产要素融合在一起，推动生产力实现跃升。

◎ 数字新质生产力是数字经济时代生产力的标志，是当今时代先进的生产力，也是质量型的生产力。在经济发展过程中，数字新质生产力为经济高质量发展培育了新的动能。

◎ 数字新质生产力是经济高质量发展的重要生产力引擎，在以经济高质量发展推动中国式现代化的道路上具有至关重要的作用。在转变经济发展方式、实现中国式现代化的过程中，要发挥数字新质生产力的作用，着力推动经济高质量发展。

新质生产力是在继承和发展传统生产力的基础上形成的，是以高新科技驱动内涵式发展的生产力新形态，意味着传统生产力随着时代发展和社会环境变化发生了质变。数字新质生产力就是数字经济时代孕育出的新形式的生产力，是新质生产力的重要方面，其内涵可以概括为通过数字技术融合其他生产要素，创造满足社会需要的物质产品和精神产品，带动国民经济增长的能力，是生产力要素即劳动者、劳动资料和劳动对象"三位一体"的数字化结果，对于推动经济高质量发展具有重要作用。在当前科技革命和数字化浪潮下，中国经济转向高质量发展的过程中，需要将更多目光转向数字技术带来的生产力变化上，以数字新质生产力推动经济高质量发展，进而推进中国式现代化进程。

一、从传统生产力到数字新质生产力

2023年9月，习近平总书记在黑龙江考察期间提出，要整合科技创新资源，引领发展战略性新兴产业和未来产业，加快形成新质生产力。所谓新质生产力，就是以科技创新为主的生产力，它既有传统生产力利用自然和改造自然的属性，又在"新""质"两个层面完成了突破。"新"是相较于传统生产力而言，新质生产力主要涉及劳动力、劳动资料和劳动对象三大实体性要素以及科技、管理和教育三大渗透性要素，新质生产力的内涵主要包括新技术、新经济、新业态，以使用数字技术构建数字化平台为核心，强调基于知识、信息和创新的新经济体系，鼓励高科技产业和更灵活商业模式的发展。"质"强调新质生产力的崛起，代表了生产方式的根本性转变，不再依赖大规模资源投入和高能源消耗，而是将创新驱动视为生产力的关键要素，积极追求实现自立自强，尤其是通过关键性、颠覆性技术的突破来引领生产力的飞跃和提升。这种生产方式的演变意味着更加高效的资源利用，减少了对有限资源的过度依赖和给环境造成的负担。新质生产力注重科技创新，强调创造性的解决方案，为经济增长和社会进步提供新动力。

生产力理论是传统马克思主义经济学理论的重要组成部分，按照经济学的生产力理论，生产力就是劳动生产力，是人们生产和创造社会财富的一种能力，是人类在认识世界、改造世界的过程中所积累的生产能力。马克思把劳动生产力分为劳动的社会生产力和劳动的自然生产力,他认为:"生产力当然始终是有用的、具体的劳动的生产力,它事实上只决定有目的的生产活动在一定时间内的效率。……既然生产力属于劳动的具体有用形式,它自然不再能同抽去了具体有用形式的劳动有关。"生产力的质量取决于生产力的效率,效率越高,提供的使用价值量也就越高,生产力的质量也就越高。在进一步论述生产力质量提升的过程中,马克思将生产力概括为一个多因素且动态变化的概念,"劳动生产力是由多种情况决定的,其中包括:工人的平均熟练程度,科学的发展水平和它在工艺上应用的程度,生产过程的社会结合,生产资料的规模和效能,以及自然条件",即生产力至少包括劳动者个人能力、自然条件和劳动的社会力三个方面的因素。其中,劳动者个人能力可以通过后天的生产技能培训提升,自然条件如土地的肥沃程度、矿产的丰富程度则是自然存在的,很难依靠人力改变,相较而言,改进劳动的社会力是最能够提升生产力质量的方式。在传统工业时代,劳动的社会力的改进体现在资本的积累、生产规模的扩大、机器的大规模使用、劳动分工的细化等方面。进入数字经济时代,以信息技术广泛应用为代表的新一轮科技革命正在重塑全球经济结构、改变世界发展格局。在数字经济发展和数字技术的推动下,新工艺、新材料不断涌现,生产力系统正在进行重大变革。生产力的要素构成不仅仅包括劳动者、劳动对象和劳动手段,信息、数据、网络、知识和技术等都成为生产力的重要组成因素。在数字经济时代，要素生产力的地位下降，组合生产力的地位进一步提升，科学与技术的结合在生产中经过产业化转化为生产力，使其发生根本变革，进而提升生产力质量，孕育出新质生产力。

在马克思历史唯物主义的思想范式中，马克思通过研究生产力的发展和演变，揭示了社会发展的基本规律。生产力的发展不仅影响着社会的物质生活水平，还决定了社会结构、政治体制以及文化发展的方向。从第一次工业革命的机械化，到第二次工业革命的电气化，再到第三次工业革命的信息化，科技的创新为社会生产力带来了巨大的解放。在这一历程中，每一次工业革命都引入了新的技术和生产方式，从蒸汽机到电力设备，再到计算机和互联网，每一次创新都扩展了人类的生产能力和创造力。这不仅改变了人们的日常生活、推动了人类现代化从低级向高级的演变，也重塑了经济结构和社会组织形式，引领着生产力的深刻变革，推动人类社会向更高水平的现代化迈进。因此，生产力既是一个国家现代化水平和程度的集中体现，也是社会演进和国家现代化的关键推动力量。面对资本主义国家在过去依靠殖民掠夺积累起来的先发优势，习近平总书记说，"我们要后来居上，把'失去的二百年'找回来"！这意味着选择走和平发展道路的中国更需要关注数字经济时代生产力的变革，在激烈的国际竞争中抢占先机，寻找最适合的发展道路。

里夫金在《第三次工业革命：新经济模式如何改变世界》中提出，数字经济的标志是：在能源、交通和基础设施领域大量采用数字技术，当这些领域中采用数字技术的比例越来越高时，就代表着真正的数字经济产生。当前，全球范围内数字经济正呈现出汹涌的发展趋势。近年来，中国数字经济快速发展，2012—2022年，中国数字经济规模从11万亿元人民币增长到超50.2万亿元，数字经济占国内生产总值比重由21.6%提升至41.5%，我国数字经济总量已跃居世界第二，形成了引人注目的"中国数字经济奇迹"，其影响贯穿在我国社会经济运行的各个环节：一方面，互联网、大数据、云计算、人工智能、区块链等技术已成为现代化经济体系的重要引擎，互联网提高了获取信息的便捷程度，云计算有效地降低了运算成本，大数据为企业提供了海量数据的洞察力，人工智能的出现使工作和日常生活更为便捷，物联网则将虚拟与现实有机连接在一起；另一方面，数字技术的应用还带来了新能源、新材料等新兴产业，这些产业与传统产业交叉融合，催生出新的数据生产要素，也推动数字新质生产力快速孵化，为经济高质量发展创造动力。

数字经济的崛起使得信息和数据的价值得以充分释放，同时也推动了产业的数字化和智能化，为生产力的提升创造了更为广阔的空间，推动了传统生产力向新质生产力的过渡，从而使现代化的生产力基础发生了深刻的变革。这一转变不仅是经济结构的演变，而且是社会发展的引擎，为未来的现代化进程带来了新的可能性。数字新质生产力是新质生产力的重要方面，是指将数字技术创新和数据要素双轮驱动赋能生产力变革而形成的具有新技术、新要素、新方式的新质生产力。数字新质生产力以数字化和智能化为核心，借助数字技术将不同生产要素融合在一起，推动生产力实现跃升。与传统生产力相比，数字新质生产力具有如下特征：

一是数字新质生产力是以数字技术创新为引擎的生产力。没有数字技术的关键性突破就没有数字新质生产力，科技创新是生产力发生根本跃升、生成新质生产力的动力引擎。在人类漫长的历史中，科学技术一直以不可抗拒的力量推动人类社会向前发展，每一次科技革命都会带来生产力的大解放、大跃升，创造出意想不到的奇迹。从18世纪第一次工业革命中的蒸汽机技术，到19世纪第二次工业革命中的电力技术、内燃机技术，再到20世纪第三次工业革命中的计算机、互联网技术等，这些先进技术引领的宏大变革性力量，改变了人类对于资源、动力、材料和信息等基础要素的利用方式，提升了人类的生产力，颠覆了已有的生产方式，也重构了人类的生活方式。

二是数字新质生产力是组合生产力。马克思指出："不论生产的社会的形式如何，劳动者和生产资料始终是生产的因素。但是，二者在彼此分离的情况下只在可能性上是生产因素。凡要进行生产，它们就必须结合起来。"传统生产力是要素生产力，强调单一生产要素功能的发挥，而数字新质生产力则强调各种生产要素的组合功能，使劳动者和生产资料之间维持适当比例，提高生产力要素的组合质量，从而提高效率，获得最大经济效益，因此质量要高于传统生产力。这一整合过程印证了习近平总书记所指出的，要整合科技创新资源，引领发展战略性新兴产业和未来产业，加快形成新质生产力。

三是数字新质生产力的要素具有新特征。新质生产力要素在数字技术创新作用下获得总体跃升，生产力各要素的内涵和外延不断丰富，尤其是产生了数字劳动。数字经济时代劳动的变化首先体现在劳动者的高素质化，智能时代的劳动主体人机并存，要求劳动者必须具备一定的科技知识和劳动技能，创造性成为劳动者必备的素质。其次体现在劳动对象的高新科技化和虚拟化，新材料、新能源、数据等新的劳动对象的出现，突破了过去的物质性，扩大了劳动对象的范围。最后还体现在劳动资料的数智化，随着智能机器的广泛应用，数智化劳动资料叠加传统劳动资料的性状，产生了算法等新型劳动工具，极大地改变了劳动组织形式和劳动方式。

二、以数字新质生产力推动经济高质量发展的逻辑

随着中国经济发展进入新常态，经济增长的方式也从依赖要素投入数量的数量型增长转向依赖高端生产要素的经济高质

量发展，而高端生产要素所构建的生产力可以被归类为新质生产力，这种生产力符合经济高质量发展的需求。这种新质生产力的崛起反映了经济发展的新趋势，同时也为经济高质量发展提供了坚实的基础。

1. 数字新质生产力为经济高质量发展提供了新的生产力基础要素

生产力基础要素往往表现为一定经济形态下的生产要素。在工业化时代，生产力基础要素表现为劳动、资本和土地三种生产要素，而在数字经济时代，"数字生产力"作为新质生产力的代表，不再单纯依赖传统的生产要素，而是以数字化、智能化为核心，通过数字化引领生产力，通过智能化增添发展动能，因此也为经济高质量发展提供了新的生产力基础要素。

一是在数字技术的普及方面。数字经济的发展以新一代信息数字技术为支撑，而新一代数字技术与传统数字技术的最显著区别就在于其强调了万物互联和数字化。近年来，互联网、云计算、大数据、人工智能等新技术的广泛应用对生产和消费的各个环节产生了影响，这些技术的普及促使数字经济呈现出不断蓬勃发展的趋势。数字技术具有的网络化和信息化特点不仅可以在微观上缓解信息不对称的矛盾，减少交易过程中的搜索成本、复制成本、运输成本、跟踪成本和验证成本，还可以在宏观上为政府提供更全面的消费者行为、企业运营情况、市场趋势等数据，降低信息不透明程度，帮助政府更好地了解和掌握经济发展情况，制定更加科学的调控政策，并对经济发展情况进行实时监测，及时发现和解决问题，优化公共资源配置。

二是新型劳动者的产生。数字经济时代的劳动因为其网络共享性的特点改变了原有的劳动模式，使得参与劳动的人不再有限制，即使是那些需要长时间参与工作的工人，也能够在业余时间加入网络化当中，他们工作和休闲的界限被模糊掉，不仅仅是在工作场所，在整个生命中都能够参加价值创造。除此之外，在过去将劳动分为简单劳动和复杂劳动，但在数字经济背景下，所有劳动都呈现出复杂性特征，劳动的划分更多地关注创造性和非创造性劳动之间的区别，并且在劳动的主体形式、劳动过程中的耗费、劳动价值决定量这几方面显示出与传统劳动截然不同的特征。创造性劳动成为创造价值的主要方式，同时也催生了大量的信息劳动者。

三是数据作为一种全新的生产要素，成为数字化时代新型知识的生产方式。数据作为新的生产要素，在重构生产力方面表现出了依附性倍增和集约性替代的特点，并且在重构生产关系方面表现出网状共享性和分配特殊性。在数字经济时代，数据作为第七种生产要素被纳入生产过程中，这改变了传统的生产函数和经济增长体系，数字要素也因此成为数字经济时代的核心战略要素。数字经济体基于互联网、大数据、云计算、人工智能、区块链等技术，能够快速掌握大量可靠的数据，更精准地分析预测市场需求和供给，提高资源配置效率。同时，数字技术的发展与普及催生了大量的网络平台和在线交易,为消费者和生产者提供了更加便捷的信息获取渠道,加速了资本的积累。数据在生产和消费两个终端的重要作用使其成为数字经济时代生产力现代化的关键要素。

2.数字新质生产力凸显了经济高质量发展进程中创新要素的作用

与传统生产力相比,新质生产力更加强调创新驱动的作用,创新驱动以创新要素为基础,包括智力、算力、算法、数据等无形的创新生产力。在数字经济时代,以数字技术为基础产生的新质生产力主要表现为数字新质生产力,通过数字技术融合其他生产要素,是生产力要素即劳动者、劳动资料和劳动对象"三位一体"的数字化结果,凸显了推动经济高质量发展过程中创新要素的重要地位。

一是数字赋能的高级生产要素在经济高质量发展中的作用被提升。随着现代化发展阶段的不断演进,经济体系发生了深刻变化,生产要素的级别也明显提高,从传统的以物质生产力为中心逐渐转向更为复杂和多元的要素构成,以适应现代社会对高质量发展的迫切需求。在传统经济体系中,更加强调物质生产力的重要性,主要关注劳动、劳动对象和劳动资料等相对简单的生产要素,资本和劳动力被视为生产力的核心,资本积累和劳动效率被认为是推动经济增长的主要动力,而知识、技术、人力资本、信息、数据、平台和系统等因素没有得到足够的重视。

随着经济结构的变化，现代社会对知识、创新和智力资本的需求增加，经济高质量发展已经成为广泛讨论的话题，高级生产要素的重要性愈发凸显，成为推动经济增长和社会进步的核心动力。首先，知识和技术的角色愈发重要，前沿科技的创新不仅可以提高生产效率，还可以开创新的产业和市场，为经济发展带来持续动力。其次，人力资本的价值愈发受到认可，高素质的劳动力可以更好地适应不断变化的市场需求，使用创造性劳动更高效地创造价值，探索新技术的发展方向。最后，信息、数据、平台等要素融入供需两侧的各个环节，改变了人们的生活方式、企业的经营方式和政府的决策方式，帮助整个经济系统更高效地运转。

二是在经济高质量发展中数字赋能的创新生产力地位日益提升。马克思曾指出，资本家为追求剩余价值而进行创新，这在客观上促进了社会生产力的发展。在数字经济时代，创新和科技发展成为经济增长的关键引擎，数字经济的本质是创新。约瑟夫·熊彼得在《经济发展理论》中强调，以企业家为主体的创新，就是要"建立一种新的生产函数"，让生产要素重新组合，生产技术的革新和生产方法的变革在经济发展中起着至高无上的作用。数字经济就带来了这样显著而深远的变革。随着以互联网为代表的各项技术的广泛应用，生产要素的流动更加便捷，获取市场信息的渠道也更加多元化，这使企业能够更快速地观察市场动向，通过各大数字平台实时了解更广泛范围内的市场需求和发展趋势，做出更迅速、更准确的反馈，使供给更好地适应需求，从而进一步优化经济结构，不仅推动传统产业的优化升级，还能够引领新兴产业的蓬勃发展。同时，数字经济还推动构建起由创业者、投资者、学术界和政府等各方共同组成的创新系统，它们联系紧密、相互合作，共同促进技术创新和创业的蓬勃发展，为经济发展带来更多机遇。

三是在经济高质量发展中数字赋能的创新驱动成为核心驱动力。数字新质生产力作为当前先进生产力的具体表现形式，推动未来产业的诞生和成长。诺贝尔经济学奖获得者克莱因教授将经济构成划分为三个部分：传统经济体系、知识经济体系和新经济体系。传统经济体系是以传统制造业为主体的产业体系，知识经济体系是以高新技术产业为主体的产业体系，新经济体系是以新兴产业为主体的产业体系。数字经济是将数据作为基础要素的经济形态，通过数字技术产生数字化的产品和服务，作为直接消费品或生产过程的中间产品再次进入经济体系，同时，数字技术在向传统经济的渗透过程中，通过数字化、智能化迅速提高生产效率，在市场竞争环境下，促使整个行业迅速接受数字经济与传统生产方式的融合，从而实现数字经济与传统经济的融合。总体来看，数字经济体系以高新技术为支柱，以智力资源为依托，以创新为核心驱动力。在驱动数字经济发展的过程中，创新既可以形成新的产业，也可以通过新机器的驱动，提高生产率，创造更多的物质财富，"创新的驱动力是成本最小化、产出最大化，以及资源的利用。它确实带来日益增长的物质财富，也可以带来利润上升"。在新形势的挑战下，发挥科技创新的支撑引领作用，主动向创新驱动发展转变，推动实现有质量、有效益、可持续的发展。

3. 数字新质生产力为经济高质量发展培育了新动能

数字新质生产力是数字经济时代生产力的标志，是当今时代先进的生产力，也是质量型的生产力。在经济发展过程中，数字新质生产力为经济高质量发展培育了新的动能。

一是促进生产力要素的组合，创造高质量发展的生产模式新动能。数字生产力就是通过数字化建立一种新的生产函数，它重新组合了生产要素，将数字生产要素和生产条件融入生产过程中，从而提升了经济发展的动能。正如马克思所指出的，"各种经济时代的区别，不在于生产什么，而在于怎样生产，用什么劳动资料生产"。在数字经济时代，以资本、土地和劳动力为核心的传统生产力难以满足经济发展的需要，因此生产力被重新界定，引入了知识、技术、人力资本、信息、数据、平台以及系统等具有数字经济特征的要素，它们通过有效组合，形成了数字新质生产力的核心。数字新质生产力带来了新的生产模式，即在生产过程中不再仅仅关注物质生产要素，而是更强调知识、信息和技术的集成，在生产要素的组合方面提供了更大的灵活性，从而加速了信息的获取和传播。这种生产模式能够帮助生产者更精准地把握市场需求，突破产业转型升级中传统动能弱化导致的发展约束，形成更高效的生产新动能。

二是发挥数字新质生产力的作用，培育高质量发展的生产效率新动能。"数字生产力是人类应用数字技术于国民经济活动的生产能力，数字生产力为数字经济提供生产要素和发展动能。"在数字经济背景下，数字生产要素的地位日益提升，这些要素集结、组合，形成了数字新质生产力。数字新质生产力作为知识创造者通过智能化工具和数据要素构建的一种新型生产力，代表着新的发展方向，引领着数字技术广泛应用于各行业，推动产业数字化和数字产业化的进程，创造社会财富。在经济高质量发展新征程中，以质量型生产力着力推动经济高质量发展时，要充分发挥数字新质生产力的作用，重视教育、科学技术、文化、创造性劳动等高级生产要素。一方面，在供给侧优化资源配置，高效利用各类生产要素，提供个性化产品和服务，满足日益复杂的市场需求；另一方面，在需求侧搭建平台，借助算法引导消费者更便捷地选择和获取产品和服务。通过这种供给侧与需求侧的高效互动匹配供需，形成完善的价格机制，提高生产效率新动能，培育起经济高质量发展的新优势，为社会的持续繁荣创造新的机遇。

三是构建人才链、产业链、技术链、机制链一体化的高质量发展创新动能。在构建人才链上，具备高水平创新能力的人才是数字经济时代的宝贵资源，不仅包括科研人员和技术专家，还包括具备创新和创业精神的企业家，这需要通过建立有吸引力的人才政策、完善教育体系、激励创新和创业，来打造强大的人才链，为培育创新动能提供智力支持。在构建产业链上，产业链的数字化转型是实现数字新质生产力的关键，需要投资先进技术和数字化基础设施，使各个产业能够更好地融入数字经济生态系统，通过数字化制造、智能物联网、云计算等技术的广泛应用，提供更好的产品和服务，为培育创新动能提供平台支持。在构建技术链上，科技创新是数字经济时代的关键驱动力，需要支持基础研究、应用研究和技术转化，提供资源和资金支持以加速科技创新的速度，同时建立技术合作和交流平台，促进技术链的紧密合作，为培育创新动能提供技术支持。在构建机制链上，需要确保政府政策、法律法规、产业标准等机制链的完备性，同时建立有利于市场竞争和企业创新的环境，以确保机制链的有效运行，切实提升科技创新的速度，为培育创新动能提供制度支持。

三、以数字新质生产力推动经济高质量发展的路径

数字新质生产力是经济高质量发展的重要生产力引擎，在以经济高质量发展推动中国式现代化的道路上具有至关重要的作用。在转变经济发展方式、实现中国式现代化的过程中，要发挥数字新质生产力的作用，着力推动经济高质量发展。

1. 以数字新质生产力推动现代化产业体系的构建

生产力决定生产关系，生产关系又能反作用于生产力。一方面，以数字新质生产力带来了生产方式的变革，会引起包括产业体系在内的生产关系的变化。另一方面，构建与数字新质生产力高度协同的现代化产业体系，能够进一步促进生产力的提高，二者共同推动经济发展。

一是以数字新质生产力对产业体系进行系统性重塑。建设现代化产业体系是推动经济高质量发展的必然要求，而包括数字技术在内的高新科技已经深刻融入生产力的三个基本要素：劳动者、劳动对象和劳动资料，从而催生了大量新产业和新业态，为经济高质量发展提供了强大支持。对于劳动者而言，数字技术不仅提高了劳动效率，还创造了新的就业机会，推动了技能和知识的快速升级，劳动者在数字经济时代具备更大的创造性和适应性，能够更好地适应快速变化的市场需求。对于劳动对象而言，传统的生产对象趋于数字化和智能化，诞生了物联网设备、智能机器人、虚拟现实技术等，这些新型劳动对象不仅提高了生产效率，还拓展了产业的边界，促进了产业的多元化发展。对于劳动资料而言，大数据、云计算、人工智能等技术使企业能够更好地管理和分析数据，提高决策的科学性，优化资源配置，降低生产成本，适应数字经济时代的要求。

二是以数字新质生产力推动产业变革。首先，数字新质生产力加速了产业体系的数字化转型。新一轮科技革命以大数据、云计算、人工智能、区块链等技术为核心，为各行业带来了前所未有的机遇，这些技术的广泛应用使产业体系能够更好地适应市场需求，提高生产效率，降低成本，并创造全新的商业模式。其次，数字新质生产力强化了供应链的韧性。数字技术使供应链管理更加智能化，提高了供应链的可追溯性和透明度，这有助于应对突发事件和市场波动，减少了供应链风险，提高了供应链的韧性和适应能力。最后，数字新质生产力推动了产业体系的全面升级。新产业体系不仅创造了新的就业机会，还优化了产业结构，这种升级有助于提高产业的竞争力，推动产业体系的现代化发展，为经济高质量发展提供强大动力，使经济更具竞争力和可持续性，同时也为未来产业的蓬勃发展奠定坚实的基础。

三是依托数字新质生产力加快建设以实体经济为支撑的现代化产业体系。加快产业转型升级，推进产业基础高级化、产业链现代化，建设更具国际竞争力的现代化产业体系。首先，实体经济作为国家经济的支柱，直接关系到国家的发展稳定和国民经济的整体水平，因此要加强实体经济的支撑作用，推动各产业领域的发展，提高国家整体经济实力。其次，随着科技的不断进步和市场需求的变化，传统产业需要进行转型和升级，以适应新的经济格局，这不仅可以提高产业的竞争力，还可以创造更多的就业机会，推动经济增长。最后，建设国际竞争力强大的现代化产业体系有助于国家在全球市场上取得更大的影响力，更好地展示国家的制造和科技实力，吸引更多的外资和国际合作，推动国际化发展，提高国家的国际竞争力，为未来的繁荣和发展创造更有利的条件。

2. 以数字新质生产力超前布局未来产业的发展

未来产业是以未来技术为支撑，针对未来需求，抢占未来空间的产业，是与新质生产力相对应的产业。在经济高质量发展过程中，应当以数字新质生产力为基础，超前规划和促进未来产业的发展。

一是以数字经济赋能加快形成数字新质生产力，加快发展战略性新兴产业和未来产业，抢占未来产业竞争的制高点，为经济高质量发展提供新的竞争力和动力。首先，通过数字经济的赋能加速了数字新质生产力的形成，数字技术的广泛运用能够更好地整合和利用各种资源，创造全新的生产方式和商业模式，这有助于推动那些依赖先进技术的战略性新兴产业和未来产业的蓬勃发展。其次，加速战略性新兴产业和未来产业的发展可以使国家更早地占据市场份额，获取先发优势，这有助于国家在国际市场上获得更大的话语权和竞争力，从而促进出口和国际贸易的增长。最后，战略性新兴产业和未来产业往往具有较高的附加值和创新性，它们的迅速发展可以带来更多的税收和就业机会，为国家经济注入新的动力，促进全社会的经济繁荣，帮助国家抢占未来产业竞争的制高点，为经济高质量发展提供新的动力。

二是以数字新质生产力加快培育新一代信息技术、人工智能、生物技术、新能源、新材料、先进制造、绿色环保等战略性新兴产业。新一代信息技术如互联网、大数据、云计算等已经在改变我们的生活和商业模式，人工智能技术的不断发展也为各行各业带来了巨大的创新机会，为战略性新兴产业的崛起提供了坚实的基础。首先，可以通过数字化技术和自动化流程显著提高生产效率，使供应商、制造商和分销商能够更好地协同工作，更快速、更精确地生产产品和提供服务，降低库存，减少供应链风险，提高交付速度和产品质量，减少资源浪费和降低人力成本，提高竞争力。其次，借助数字化工具和技术能够加速新产品和服务的研发过程，从而降低研发风险和成本。最后，数字化渠道和电子商务平台也为战略性新兴产业提供了更广泛的市场接触机会，帮助企业更好地理解市场需求和客户行为，通过精细化市场定位和个性化营销，使其获得更好的经营成果。

三是运用数字新质生产力超前布局包括人工智能、量子信息、工业互联网、卫星互联网、机器人等在内的未来产业，形成较为完善的产业链和产业集群。首先，鼓励数字新质生产力的不断创新。加大对科研和创新的投资，鼓励科研机构、高校和企业之间的合作，建立创新孵化器和技术转移机构，推动新技术的研发和应用。其次，利用数字新质生产力提高生产效率。从供应链管理到生产线自动化，数字新质生产力能够帮助企业更快速地开发新产品和服务,降低生产成本,提高产品质量,加快生产速度,同时也有助于开发新商业模式和市场机会,引领未来产业的超前布局。最后,借助数字新质生产力更深刻地洞察市场。数字化工具使企业能够更好地了解市场需求和客户行为,通过数据分析、市场调查和消费者反馈,更精确地洞察市场趋势,了解客户需求,快速响应市场变化,提供新产品和服务,吸引更多的资本投入未来产业,形成较为完善的产业链和产业集群,为经济的可持续增长奠定基础。

3. 以数字新质生产力推动新型工业化

走新型工业化道路,是我国加快构建新发展格局、着力推进经济高质量发展的内在要求,是形成数字新质生产力的关键任务。新型工业化中的"新"与数字新质生产力中的"新"有一个共同的内核,即以数字化、网络化、智能化为基本特征,推动新型工业化发展。

一是坚持以科技创新为引领,为新型工业化提供不竭动力。一方面,加大对研发和创新的投资,建立完善的创新生态系统,包括鼓励科研机构、高校和企业之间的合作,提供创新创业资金支持,创造有利于创新的政策环境。同时,加强知识产权保护,建立技术转移机构和创新孵化器,帮助科研成果的商业化,加速科技成果的应用和推广,鼓励创新者投入更多的精力和资源到研发工作中。另一方面,高素质人才是科技创新的核心,我们不仅需要通过高等教育和职业培训培养更多的科技和创新人才，还需要吸引国际人才和建立国际合作，促进知识和经验的国际化交流。同时，鼓励企业内部建立创新文化，激励员工参与创新和提高他们的创新能力。

二是发展战略性新兴产业，推动传统产业和新兴产业的协同发展。首先，完善知识产权保护体系，重视研发和创新带来的技术进步，通过财政激励、税收优惠、研发资金支持和市场准入便利等一系列政策规划，鼓励战略性新兴产业的发展，降低对传统产业的依赖，推动产业结构升级，加速实现新型工业化。其次，新兴产业的发展创造了大量高技术领域的就业机会，这就需要进一步提高人力资本的素质，培养创新型人才，完成新型工业化所需的人才积累。最后，加强传统产业的改造升级，鼓励传统企业采用新技术、新材料和新工艺，提高产业效率和产品质量，提高产业附加值。同时支持传统产业与新兴产业的合作和融合，促进资源和市场的共享，推动不同产业之间的交流与合作，实现更高水平的工业化。

三是促进数字经济和实体经济的深度融合，开展传统制造业数字化、网络化、智能化改造。一方面，数字技术的融合改进了实体经济的生产方式。通过自动化、大数据分析、物联网和云计算等技术，企业可以改进生产流程、提高效率、降低成本、改善产品质量，更好地满足数字经济时代消费者多样化、个性化的需求，从而加速实现新型工业化。另一方面，数字经济为实体经济提供了更广泛的市场接触机会。通过建立创新基金、技术合作平台或产业园区，传统企业有机会与数字经济企业达成合作，这不仅可以帮助传统企业更快地学习数字技术以完善生产和经营的各个环节，还可以帮助数字经济企业更好地了解传统行业的发展历史和经营经验，互相取长补短，提高竞争力，促进经济的可持续增长，加速新型工业化进程。

深化数字技术创新与应用
加快形成和发展新质生产力

沈坤荣

· 南京大学商学院教授、经济增长研究院院长

◎ 当前,世界百年未有之大变局加速演进,以数字技术为核心驱动的新一轮科技革命和产业变革在全球范围内兴起,加快形成和发展新质生产力,有助于我国充分把握科技革命和产业变革的机遇,开辟发展新领域、塑造发展新动能、构筑竞争新优势。

◎ 纵观历次科技革命的历程,技术的重大变革必然会带来生产力的重大跃迁。数字技术作为当前最重要最典型的通用技术,已经广泛渗透到经济社会各领域,引发生产、生活和治理方式的重大变革。

◎ 产业是经济之本,也是生产力发展的重要载体和具体表现形式。对于新质生产力而言,战略性新兴产业及未来产业是其形成与发展的主要阵地。

习近平总书记在新时代推动东北全面振兴座谈会上强调："积极培育新能源、新材料、先进制造、电子信息等战略性新兴产业，积极培育未来产业，加快形成新质生产力，增强发展新动能。"新质生产力和传统生产力的区别在于，新质生产力是由科技创新发挥主导作用的生产力。当前，世界百年未有之大变局加速演进，以数字技术为核心驱动的新一轮科技革命和产业变革在全球范围内兴起，加快形成和发展新质生产力，有助于我国充分把握科技革命和产业变革的机遇，开辟发展新领域、塑造发展新动能、构筑竞争新优势。

科技创新尤其是数字技术的创新是加快形成新质生产力的关键支撑。纵观历次科技革命的历程，技术的重大变革必然会带来生产力的重大跃迁。数字技术作为当前最重要最典型的通用技术，已经广泛渗透到经济社会各领域，引发生产、生活和治理方式的重大变革。数字技术的发展使得数据成为核心生产要素。近年来数字基础设施不断加快，数字技术应用场景日益丰富，数据资源总量呈现出"爆发式增长"的特征，并逐渐成为指导决策的主要依据和驱动发展的重要力量。数据不仅可以直接作为生产要素促进经济增长，也可以通过改善生产要素的配置间接提升生产效率，推动生产力的跃迁。数字技术链接并赋能万物，极大地降低了整个生产系统中信息交换的成本。移动互联网技术使人与人之间的交流与沟通突破时空限制、达到前所未有的便捷，工业互联网技术则让万物连接成为可能，实现人与物、物与物之间自然高效的信息交换，劳动生产的各个环节得以深度融合与高效匹配。可以说，在数字时代，数字技术的发展与应用是形成新质生产力的关键支撑之一。

培育战略性新兴产业、未来产业等重点产业是加快形成新质生产力的现实落点。产业是经济之本，也是生产力发展的重要载体和具体表现形式。对于新质生产力而言，战略性新兴产业及未来产业是其形成与发展的主要阵地。与数字技术关联较为紧密的战略性新兴产业与未来产业，既包括新一代信息技术、类脑智能、量子信息、未来网络等数字产业化的代表，也包括智能制造、数字创意等产业数字化的典型。数字技术革命在驱动数字产业化创新、加速产业数字化转型的同时，也引领产业组织方式的重构。我国传统产业集群依然面临产业链上下游联系偏弱、协同创新效能不足的约束，而数字技术在产业集群的广泛应用，不仅可以推动单个企业生产经营效率的提升，还将助力产业集群内部生产系统的互联与创新能力的整合，实现数据链、供应链、创新链、产业链的多链高效融合。

加快形成新质生产力，要以科技创新为引擎。科学技术是第一生产力、第一竞争力，科技创新是形成新质生产力的关键变量。要加快实现数字技术体系的自立自强。关键核心技术是要不来、买不来、讨不来的。数字技术已经成为当下全球战略博弈的重点，一方面要加大对于基础研究的投入力度，引导和鼓励社会资本投入基础研究，提高基础研究经费投入在总研发经费投入的占比。另一方面要瞄准数字技术体系中的关键核心技术，统筹相关技术领域的"锻长板"与"补短板"，发挥新型举国体制优势，全面推进技术攻关，形成一批重大原创性成果，逐步摆脱关键核心技术受制于人的局面，把握发展自主权。要加快科技成果向现实生产力的转化。一方面要加快推动高校、科研院所的科技成果转化运用。引导高校、科研机构聚焦国家重大战略和产业发展的现实需要进行有组织科研，研究真问题、真解决问题，破除科研成果"高大上"但"用不上"的困境。完善科研人员的创新成果奖励机制，探索通过分享成果转化收益、成果转化与自主创业相结合等方式激励科研人员参与科技创新成果转化，解决科研成果"重申请、轻应用"的问题。另一方面要组建以企业为主体的创新联合体，充分发挥企业作为技术研发和成果转化主体的作用。鼓励龙头企业、链主企业、平台企业联合产业链上下游企业、高校及科研院所、金融机构等多方主体，聚集人才、技术、资金等要素，共同开展技术研发等创新活动，加速科技成果的转化。

加快形成新质生产力，要以产业升级为重点。加快传统产业的数字化转型升级。推动传统产业转型升级的重中之重是制造业的"智改数转"。从我国制造业生产流程各环节来看，目前研发设计、线上销售等两端环节数字化程度相对更深，而处于中间的生产制造环节数字化程度则有待进一步加强。未来我国制造业"智改数转"的重心应从"局部深化"向"整体协同"转变，不断壮大"综合性＋特色型＋专业性"的工业互联网平台体系，兼顾不同规模企业的需求、分类引导大中小微企业的"智改数转"，做好技术、方案、资金、人才等方面的支持工作。要通过数字技术赋能战略性新兴产业发展。推动战略性新兴产业的"融合化"发展，推进科技产业融合、数字实体融合、制造服务融合，特别是推进物联网、大数据、人工智能同实体经济深度融合，为高质量发展提供强大动力。推动战略性新兴产业的"集群化"发展，深刻把握不同地区技术、人才和产业基础等特点，注重打造集群式的区域协同创新生态网络，充分发挥产业集群要素资源集聚、产业协调高效、产业生态完备的优势，形成战略性新兴产业集聚发展、集群跃升的发展格局。推动战略性新兴产业的"生态化"发展，充分激发市场主体活力、强化企业创新主体地位、促进各类创新要素向企业集聚，以数字政府建设加快政府职能转变，全面营造有利于战略性新兴产业发展的生态环境。

加快形成新质生产力，要以人才培养为支撑。人才是提升科技创新能力、形成新质生产力的根本所在。要构建高水平的数字人才培养体系。强化对高等院校专业建设的指导，引导高等院校围绕国家重大科技与产业战略需求增设学科专业，着力优化培养方案制定和师资队伍建设，鼓励学科间交叉融合和集群发展。要完善高层次人才引进与服务工作。加大在全球范围内招揽高层次技术与管理人才的力度，优化海外高层次留学人才归国绿色通道工作机制，为回国创业的科技和管理人才提供相应的支持政策。地方政府要加强人才引进配套服务工作，使人才不仅"引得来"还能"留得住"。要深化人才选拔与评价体制机制改革。举荐人才不拘一格，对于特需急需的高层次人才可实行一人一策、特事特办。营造公平公正的竞争环境，建立以人为本、尊重贡献、鼓励探索、宽容失败的人才评价体系。

加快构建数字产业集群发展新质生产力

杜庆昊

· 中共中央党校（国家行政学院）信息技术部办公室主任

◎ 数字产业集群具有共享资源、协同创新、提高效率、降低成本等优势，能够为集群内外的企业和机构创造产业联动效应，从而实现创新链、产业链和价值链的深度融合，推动集群内企业向产业高端迈进。

◎ "虚拟化"产业集群因为数字化所天然具备的融合性、渗透性、流动性等特点，能够便捷地吸收新知识、新技能，使得集群呈现动态发展、多样化发展的趋势，自然也更具活力和竞争力。

◎ 中国是人口大国和消费大国，构建适度超前的数字化生产和消费场景，有利于数字技术、数字产品的不断成熟，也有利于数字产业的持续发展。

党的二十大报告提出，加快发展数字经济，促进数字经济和实体经济深度融合，打造具有国际竞争力的数字产业集群。数字产业集群是从事数字产品制造、提供数字产品服务、开展数字技术应用、通过数字要素驱动的相关机构组成的集群。数字产业集群是数字经济发展到特定阶段的产物，既遵循一般产业集群的发展规律和特点，又有其自身的特征和发展路径。建设数字产业集群是实现数字经济高质量发展的必然举措，加快构建数字产业集群有利于发展新质生产力。

一、构建数字产业集群的理论和实践逻辑

从产业集群理论看，建设数字产业集群有利于产业集群理论的丰富和完善。产业集群理论特别强调两点：形成物理空间聚集，相关资源和主体要在一定区域内有实体存在；锚定特定产业，在一定物理空间内形成特定产业链上各类供应商的汇集。

数字产业集群一般定义为从事数字产品制造、提供数字产品服务、开展数字技术应用、通过数字要素驱动的相关机构组成的集群。一方面，数字产业集群更强调技术、算法、知识产权等无形要素的集中，对传统意义上的土地、设备等有形要素的依赖下降。另一方面，数字产业集群具有典型的数字化、智能化、融合性特征，这就决定了其不再拘泥于某个产业、某类产品，而是聚焦某类应用、某类服务，扩大了传统产业集群对特定产业的限定。

从产业集群实践看，建设数字产业集群是实现数字经济高质量发展的必然举措。数字产业集群高度依赖互联网平台开展协同设计和制造，通过数字化方式对集群内的资源、实体和活动进行管理，有效提升了集群的效率。例如北京、深圳、杭州等城市，已经形成了以互联网、电子商务等为核心的数字产业集群，成为数字经济和科技创新的重要基地。美国的硅谷是世界知名的电子工业和数字产业集中地，印度的班加罗尔也被誉为"亚洲的硅谷"，这些地方的经济活力、科技创新能力都处于世界前列。当前，围绕数字经济的国际竞争不断加剧，数字产业集群能够带动区域经济的快速发展，提高地区的综合竞争力。

从数字经济特征看，建设数字产业集群是破解传统产业"集群病"的有效举措。一般认为，以制造业为代表的产业集群在发展初期，通常表现出比较强的产业聚集和经济带动效应。但随着市场需求逐渐趋于饱和、同质产业竞争态势加剧、企业生产经营惯性等因素，制造业产业集群一般都不可避免地陷入市场占有率变小、创新能力变弱、环境污染问题突出等困境，我们称之为"集群病"。而数字产业集群具有共享资源、协同创新、提高效率、降低成本等优势，能够为集群内外的企业和机构创造产业联动效应，从而实现创新链、产业链和价值链的深度融合，推动集群内企业向产业高端迈进。

从要素市场发展看，打造数字产业集群有利于发挥数字技术和数据要素的价值。根据加尔布雷思的权力转移论，人类社会的"最重要的生产要素"在经济中的重要性是随着社会形态、社会阶段的变化而变化的。当前人类社会进入数字社会阶段，最重要的生产要素是技术和数据，谁掌握了这两种要素，谁在一定程度上就具备了引领经济社会发展的基本能力。而数字技术、数据要素如果孤立存在是很难发挥价值的，两者必须走产业之路、与产业结合，才能实现价值化、商业化。数字产业集群可以为数字技术、数据要素的共享和交流提供平台，为数字技术、数据要素的整合和应用创造条件，有利于这两种新型生产要素充分释放价值。

二、构建数字产业集群要处理好的关系

一是处理好集群的"实体化"与"虚拟化"的关系。产业集群一般表现为区域内基础设施、生产设施、服务设施的集聚，

"实体化"运行的特点比较突出。而数字产业集群主要是通过网络实现协同研发和生产，某种程度上摆脱了地理空间的束缚，呈现"虚拟化"运行的特征。集群"虚拟化"相比"实体化"有两个明显优点：其一，减少产业集聚的成本。实体企业的聚集涉及企业迁入成本的计算，以及企业迁移后对迁出地经济影响的计算，具有一定的"不经济性"。相较而言，"虚拟化"集群的这种成本较低。其二，减少产业走向单一化的风险。"虚拟化"产业集群因为数字化所天然具备的融合性、渗透性、流动性等特点，能够便捷地吸收新知识、新技能，使得集群呈现动态发展、多样化发展的趋势，自然也更具活力和竞争力。

二是处理好"数字化集群"与"集群数字化"的关系。一方面，数字产业集群高度依赖数字技术和数据要素的集聚和应用，表现出较强的数字化特质，一般称之为"数字化集群"。另一方面，随着数字技术的不断发展和渗透，传统产业集群也在向数字化、智能化、协同化方向快速发展，我们将传统产业集群表现出来的这种数字化特征，称之为"集群数字化"。"数字化集群"是培育数字产品的重要方式，是推动"数字产业化"的主要途径。"集群数字化"是推动数字技术广泛应用、实现传统产业集群转型升级的重要方式，是实现"产业数字化"的主要途径。

三是处理好数字产业发展和数字产业安全的关系。研究表明，很多产业集群难以持久保持竞争优势，导致集群老化或消亡的原因包括结构性风险、周期性风险、制度性风险和政策性风险等。数字产业集群同样存在上述风险,而且其面临的安全风险更具特殊性。其一,数字产业集群高度依赖互联网、大数据等技术,比如智能驾驶产业集群、智能语音产业集群等,这类集群企业极易受到网络攻击和噪音数据干扰,安全风险更高。其二,数字产业集群涉及通信技术、算法技术和高精度制造技术等,这些技术具有高度的标准性、排他性和动态性,往往被全球为数不多的实体机构所掌握,一般的企业集群很难控制这些技术的走向。

三、数字产业集群的构建路径

首先,充分发挥技术和数据等要素的竞争优势。要素包括初级要素和高级要素两大类,前者包括自然资源、地理位置,后者包括复杂劳动力、科研设施和专门技术等,高级要素对产业竞争优势具有更重要的作用。对数字产业来说,高级要素包括数字技术、数据要素和人力资本。其一,发挥市场活力与制度优势,加强对关键共性技术的研发创新支持,加快突破数字领域的技术瓶颈。其二,加快推进公共数据资源授权使用基础制度建设,激活数据要素价值潜力,实现数据要素红利向产业发展能力的转化。其三,以引进人才、留住人才的各项制度和政策为基本保障,增强对全球数字化优秀人才的吸引力。

其次,积极推动生产和消费场景的数字化。中国是人口大国和消费大国，构建适度超前的数字化生产和消费场景，有利于数字技术、数字产品的不断成熟，也有利于数字产业的持续发展。从有利于企业生产的角度看，要以共性场景作为突破点，将数字化转型场景贯穿产前、产中和产后不同环节及企业内部的组织管理，由点及面将共性需求转变为系统解决方案和产品。从有利于用户消费的角度看，要创新消费场景，比如鼓励发展定制消费、体验消费和智能消费，加快云零售、云商超等新场景建设，发展"无接触交易服务""无人化服务"等服务模式，通过创新消费场景带动数字技术和数字产业向新应用领域不断渗透。

第三，重点推动数字产业化和产业数字化发展。产业要形成竞争优势，就不能缺少世界一流的供应商，也不能缺少上下游产业的密切合作。推动数字产业集群发展，还必须从数字产业本身和上下游产业的数字化上发力。在数字产业化方面，围绕打造战略竞争优势，加快推动代表国家战略方向、创新密度高、市场潜力大的产业集群化发展，如下一代通信技术、生成式人工智能、先进制程集成电路、智能网联汽车等，增强产业链供应链竞争力，形成全局带动效应。在产业数字化方面，积极打造以智慧农业、智能制造、智慧物流、数字金融等为代表的新产品新业态新模式，推动数字技术向传统产业渗透拓展，逐步引领产业集群向更高质量、更高水平演进。

第四，坚持对内发展龙头企业和对外扩大开放合作并重。

一方面，要积极培育国际标杆数字企业。培育一批具有资源配置力、生态主导力、国际竞争力的龙头企业和细分领域"专精特新"的企业，加快引导以流量为核心的平台企业向价值型平台进化升级。同时，积极构建头部企业带动中小企业协同发展的"雁阵式"格局。另一方面，要扩大数字产业对外开放合作。积极开展与国际衔接的技术标准和监管规定的制定，参与全球数字贸易治理变革，推动集群优势数字产品、数字技术、数字企业"走出去"。

第五，积极为产业集群"数字化"发展创造政策环境。虽然从事产业竞争的是企业，而非政府，但政府能够为企业经营提供所需要的资源，为产业发展创造好的市场环境。其一，制定产业集群数字化转型路线图，引导集群内的各类企业和机构有序开展数字化转型工作。其二，加大对中小企业的数字化转型支持，推动园区平台、产业服务平台和工业互联网平台等对中小企业延展服务边界，为中小企业创新发展赋智赋能。其三，加强数字产业集群基础设施建设，为产业集群数字化转型提供基本支撑。此外，还要持续优化数字经济营商环境，以公平的市场竞争保障集群内企业健康发展。

以新质生产力为高质量发展赋能蓄力

郭铁成
· 中国科学技术信息研究所副所长

◎ 在工业化时代，随着技术进步，劳动者会被挤出生产力，成为失业者，无法与生产资料结合。而新质生产力则不一定挤出劳动者，甚至会吸纳更多劳动力，只是这些劳动力需要拥有更高的智能生产力。

◎ 开展新质生产力的技术布局和产业布局，重点是按照国家和社会需求的优先序，综合平衡创新投入、创新产出和创新结构。

◎ 新质生产力的核心是创新要素，而创新要素的形成需要高质量的科技供给。必须加快实现高水平科技自立自强，实现战略突破，为新质生产力赋能。

在新时代推动东北全面振兴座谈会上，习近平总书记强调，积极培育新能源、新材料、先进制造、电子信息等战略性新兴产业，积极培育未来产业，加快形成新质生产力，增强发展新动能。习近平总书记的重要论断，为我国经济高质量发展指明了方向。如何理解新质生产力？加快形成新质生产力，主攻方向是什么？

一、什么是新质生产力？

生产力是人类生产物品和服务的能力，它由劳动者、劳动资料和劳动对象三大基础要素构成。在不同发展阶段，生产力水平和性质不同，生产力基础要素具体表现为一定经济形态的生产要素。在工业化时代，生产力基础要素具体表现为劳动、资本和土地三种生产要素，其中劳动指工业化劳动者，资本指资本品，即工具、设备、厂房等劳动资料。资本品是关键要素，正如在原始社会谁身强体壮谁就能获得食物等生活资料、在农业社会谁拥有土地谁就能获得地租一样，在工业化时代，谁拥有作为物质生产资料的资本品谁就能控制生产和分配。

当人类进入21世纪，特别是在智能化革命发生后，新质生产力出现了。新质生产力的核心是创新要素。创新要素包括智力、智权、数据等无形资产，弥散在劳动者、劳动资料和劳动对象中，使生产力获得了新的质的规定性。所谓智力，是指通过对人力投资而形成的创造价值的能力，即凝结在劳动者身上的认知能力、创意能力、行动能力，以及心理素质和意志品质等。也可以说，智力要素是通过教育和学习而获得创新能力的劳动者，主要是科学家、工程师、企业家，以及其他知识化、技能化的人才。所谓智权，是指通过创造性劳动获得的知识产权，主要包括标准、专利、软件著作权、版权、商标等，以及在迭代创新中即时约定的知识产权。后者是指在开源创新中，各类创新主体包括研发者、设计者、投资者、供应者、制造者、销售者、使用者等，根据每个主体对创新产品的贡献而不是传统知识产权，即时获取报酬的权利。数据就是算法、算力和大数据要素，包括数据的生产、存储、加工、挖掘、使用等能力。数据要素的核心是软件，主要包括智能软件、智能硬件、智能系统，以及相关数据库。虽然智能硬件、智能系统、数据库等需要程度不同的物理依托，比如数控机床就离不开金属机身，但主导的因素是软件。

智力、智权和数据在新质生产力中不是机械相加的，而是通过有机结合，作为统一整体而出现的。在工业化时代，随着技术进步，劳动者会被挤出生产力，成为失业者，无法与生产资料结合。而新质生产力则不一定挤出劳动者，甚至会吸纳更多劳动力，只是这些劳动力需要拥有更高的智能生产力。因为在新质生产力中，随着技术构成的提高，知识构成也在提高。而知识性劳动既是知识密集的，也是劳动密集的，需要大量知识化的劳动者，这会大大抵消技术对人的挤出效应。所谓高质量发展、转换发展动力，就是把发展动力转换为新质生产力，形成新的发展动能。

二、积极开展新质生产力布局

实现高质量发展，建立现代化产业体系，必须积极开展新质生产力布局。

首先是新质生产力的技术布局。新一轮技术革命的主要特征是智能化、生态化、融合化，智能化技术、生态化技术、融合化技术是布局的重点。具体说，要加强生成式人工智能、工业机器人、生物制造、量子信息、高端芯片、关键元器件零部件和基础材料、绿氢与新型储能、脑科学与类脑研究、合成生物学与生物育种、深海空天开发等前沿领域的技术攻关，以及新发突发传染病和生物安全风险防控、医药和医疗设备、油气勘探开发等领域关键核心技术攻关，为新质生产力的发展奠定技术基础。

其次是新质生产力的产业布局。关键是加强新兴产业和未来产业的布局,在战略性新兴产业上,布局要聚焦新一代信息产业、新能源产业、新材料产业、高端装备产业、新能源汽车产业、绿色环保产业、生物医药产业、新兴航天产业、新兴海洋产业,加快关键核心技术创新应用;在未来产业上,布局要聚焦人工智能、量子信息、未来网络、生命健康、氢能与储能、空天科技、深地深海等领域,组织实施未来产业孵化与创业加速,率先形成新质生产力。

开展新质生产力的技术布局和产业布局,重点是按照国家和社会需求的优先序,综合平衡创新投入、创新产出和创新结构。创新投入的主要部分是研发投入,以及风险投资、技术交易投入、设计投入、培训投入等。研发投入强度是研发投入额与GDP之比,风险投资强度是风险投资额与GDP之比,技术交易强度是技术交易额与GDP之比。从国际竞争来看,应该把战略性新兴产业、未来产业的研发投入提高到国际平均水平以上,风险投资强度和投资率应逐渐达到美国的水平,技术交易强度要大幅度超过研发投入强度。

创新产出要重点考虑新兴产业、高技术产业、专利密集型产业增加值占GDP的比重,以及数字经济核心产业增加值占GDP的比重。2021年,我国战略性新兴产业、高技术产业、专利密集型产业增加值占GDP的比重,分别为13.4%、15.1%和

12.44%，数字经济核心产业增加值占GDP的比重不足10%，都应该加快提高。深圳市的创新产出具有新质生产力的特点，其经济增量以新兴产业为主，近年来新兴产业对GDP增长贡献率达到60%；工业以先进制造业和高技术制造业为主，二者占规上工业企业增加值的比重分别为75%和66%；第三产业以现代服务业为主，现代服务业占服务业的比重达70%。

创新结构包括技术结构、就业结构和创业结构。技术结构重点考虑专利强度和数字化水平，专利强度是发明专利或高能专利［标准必要专利、三方专利、PCT（专利合作条约）专利］数量与GDP之比或与就业人数之比；数字化水平尚无通用标准，但有很多研究性标准，如数字化密度、数字化指数、数字技术普及应用指数、网络就绪指数、宽带普及率、数字化研发设计工具普及率、关键工序数控化率等。就业结构重点考虑高质量就业比重，即大专以上劳动力或大学本科以上劳动力占全部劳动力的比重，以及国际一流人才拥有量；另一个是每万名就业人员中研发人员的比重。创业结构重点考虑科技创业率和创业成功率，科技创业率是单位劳动力拥有的科技型创业企业数，即当年新创科技型企业数与当年全部劳动力之比；创业成功率是创业成功企业数占全部企业数的比重，即创业满五年的科技型企业数与当年全部企业数之比。

三、加快实现高水平科技自立自强，为新质生产力赋能

新质生产力的核心是创新要素，而创新要素的形成需要高质量的科技供给。必须加快实现高水平科技自立自强，实现战略突破，为新质生产力赋能，重点有以下四个方面。

一是人才引领，就是把人才作为经济和社会发展的第一资源，改变物质资源拉动、按跟踪性项目配置科研人员的增长方式，建立科学家和工程师主导的经济结构，按人才资源优势配置物质资源和其他创新资源。人才引领的重点是培育顶尖科技人才，激活大批专业科技人才，储备一批未来科技人才。顶尖科技人才是指国际一流的战略科学家、卓越工程师及其团队；专业科技人才是指我国5500多万专业技术人员；未来科技人才是指青年人才，或潜在的科学家和工程师。实现人才引领必须遵循人才成长规律和科研规律，建设尊重劳动、尊重知识、尊重人才、尊重创造的科研体制和机制，还要优化基础教育、高等教育的结构和教育方式。

二是原创跃升，就是把原始创新作为自主创新的战略重点，面向世界科技前沿和国家重大需求，以新科技革命和产业变革为场景，促进重大技术突破，引领中国经济体向高端跃升。原始创新的重点是国家安全技术和未来技术、挑战性技术、咽喉链技术。未来技术是"无人区"技术，当前还不成熟或不存在，

但却是未来增长的动力;挑战性技术是为迎接社会、环境和生命健康等领域对人类生存的挑战而研发的技术;咽喉链技术是我国对外依存度过高、存在被脱钩和被锁定风险的技术。实现原始创新必须强化国家战略科技力量,充分发挥大学、科研院所、国家实验室和企业"四驾马车"的体系化引领能力,以及国际创新中心城市、区域创新中心城市的辐射带动作用。

三是赋能企业,就是面向国民经济主战场,促进科技要素转化为企业创新资产,形成企业核心竞争力,大力培育头部企业、灯塔企业、创新型企业。首先要坚持企业在技术创新中的主体地位,建立以企业需求为基础的项目形成机制和管理机制,围绕企业需求配置公共创新资源。还要大力发展科技创新市场,包括科技服务市场、创业投资市场和创新产品市场。科技服务市场交易的是研发服务、设计服务、技术转移服务、技术扩散服务、专业知识服务等科技服务;创业投资市场交易的是科技创业企业的股权,包括股权买卖和企业重组、并购、收购等;创新产品市场交易的是新开发的中间产品和最终消费品。还要出台积极的财政政策和金融政策,加大创新投入杠杆,减少企业创新成本,鼓励企业开展未来技术创新。

四是繁荣科学,就是以自由探索为引领,以研究人员为中心,以科学共同体建设为依托,以公众科学建设为基础,促进重大科学发现,广泛传播科学精神。战略导向、前沿导向和市场导向的基础研究,都应以自由探索为引领,增加全社会自由探索基金比重，鼓励一切开创性研究。基础研究的大部分项目，应以研究者为中心，由研究人员自主选题。优化基础研究人员结构，提高基础研究人员基础性工资比重。以科学共同体建设为依托，在科学共同体内部和外部建立新型的、诚信的、负责的人际关系，积极探索国际小同行评议、非共识评议、开创性研究评议等先进的评议机制。以公众科学建设为基础，在全社会弘扬科学精神，家庭、学校、社会相结合，培养公众理解和参与科学的能力。

建设现代化产业体系

史 丹
· 中国社会科学院工业经济研究所所长

◎ 积极推进产业智能化发展，不仅有利于抢占新一轮科技革命形成的产业高地，推动我国产业迈向全球价值链中高端，而且有利于提升我国产业整体实力、质量效益，增强我国的生存力、竞争力、发展力、持续力。

◎ 建设现代化产业体系，必须坚持绿色发展理念，抓住全球绿色经济、绿色技术、绿色产业快速发展的机遇，用好绿色发展政策工具，一方面积极稳妥推进碳达峰、碳中和，另一方面在绿色转型发展中培育新的竞争优势。

◎ 坚持把发展经济的着力点放在实体经济上，补齐产业发展短板弱项，建设具有完整性、先进性、安全性的现代化产业体系，为加快形成新质生产力奠定坚实产业基础，推动我国在未来发展和国际竞争中赢得战略主动。

习近平总书记在主持召开新时代推动东北全面振兴座谈会时强调："积极培育新能源、新材料、先进制造、电子信息等战略性新兴产业，积极培育未来产业，加快形成新质生产力，增强发展新动能。"产业是发展的根基，加快形成新质生产力必须建设现代化产业体系。党的二十大报告对"建设现代化产业体系"作出战略部署，二十届中央财经委员会第一次会议提出"推进产业智能化、绿色化、融合化，建设具有完整性、先进性、安全性的现代化产业体系"。这为我们建设现代化产业体系提供了科学指引。

一、抓住新一轮科技革命和产业变革机遇，推动产业智能化发展

产业的兴起、发展与科技创新紧密相关。当前，新一轮科技革命和产业变革方兴未艾，通用人工智能、生命科学、新能

源等前沿技术正在深刻改变着工业生产函数，引领产业发展的新方向、开辟产业发展的新赛道。只有紧紧跟踪并把握科技前沿变化，才能把创新主动权、发展主动权牢牢掌握在自己手中。同时也要看到，一段时间以来，一些国家为了利用其技术优势控制产业链价值链，遏制别国发展，大搞单边制裁、极限施压，干扰全球产业分工，在高技术领域构筑"小院高墙"，极力阻碍我国科技进步和产业发展。这也说明，只有抓住机遇推动产业升级、不断提高竞争力，才能提升我国产业链供应链韧性和安全水平。

在这一背景下，积极推进产业智能化发展，不仅有利于抢占新一轮科技革命形成的产业高地，推动我国产业迈向全球价值链中高端，而且有利于提升我国产业整体实力、质量效益，增强我国的生存力、竞争力、发展力、持续力。

当前，我国在5G、量子力学等领域的发展处于世界前列，拥有超大规模市场、庞大的工程师队伍、产业体系完备和配套能力强等多方面优势。这为我们积极推进产业智能化发展提供了有利条件。要抓住新一轮科技革命和产业变革带来的机遇，积极推进产业数字化转型，努力抢占全球产业体系智能化的战略制高点。推动数字基础设施建设，协同推进数字产业化和产业数字化转型，创造与数字经济发展相适应的法律法规制度体系和市场环境，促进数字经济新业态发展。进一步深化科技体制改革，努力在原始创新上取得新突破，在重要科技领域实现跨越发展，强化产业基础再造和重大技术装备攻关。企业是科技创新主体，也是推进产业智能化发展的重要力量。要进一步激励企业加大研发投入，把产业体系和创新体系更好融会贯通起来；有针对性地为企业提供数字化转型公共服务，加强数字技能教育培训，提升全民数字素养和技能，为企业培养更多数字人才；发挥大企业数字化转型的示范作用，通过供应链等渠道带动中小企业数字化转型。

二、走生态优先、绿色发展之路，推动产业绿色化发展

绿色循环低碳发展是当今时代科技革命和产业变革的方向，是最有前途的发展领域，也是实现高质量发展的关键环节。建设现代化产业体系，必须坚持绿色发展理念，抓住全球绿色经济、绿色技术、绿色产业快速发展的机遇，用好绿色发展政策工具，一方面积极稳妥推进碳达峰、碳中和，另一方面在绿色转型发展中培育新的竞争优势。

党的十八大以来，我国将碳达峰、碳中和纳入经济社会发展全局，构建完成碳达峰、碳中和"1＋N"政策体系，各行业各企业围绕碳达峰、碳中和目标落实政策措施、强化务实行动，推动我国产业发展加速向绿色低碳转型。把握全球绿色发展的大趋势，推动我国产业绿色化发展，是推动高质量发展的内在

要求，有利于积极稳妥推进碳达峰碳中和、积极应对气候变化和保护生态环境，也有利于在绿色转型中培育发展新动能。我们要坚定不移走生态优先、绿色发展之路，加快发展绿色低碳产业、大力发展绿色金融，充分利用碳交易、可再生能源绿色电力证书（绿证）、环境保护税等市场化和财税手段，加快先进绿色技术推广应用，大力发展绿色供应链；同时，增强产业政策协同性，有效调动各方积极性，从政策、要素、技术、市场等多方面推动产业绿色化发展，努力培育新的产业竞争优势。

三、适应产业发展新趋势，推动产业融合化发展

当前，产业发展及其对经济增长的拉动方式正在发生变化。回顾过去几次科技革命，往往是技术进步在某个行业或领域形成重大技术突破，带动这些行业或领域实现创新性发展，取得创新性突破的产业交替成为拉动经济增长的主导产业，经济增长的动力来源于分工的不断深化。比如，蒸汽机、内燃机的发明分别催生出纺织行业、汽车行业等，它们快速发展并成为拉动当时经济增长的主导产业。与以往不同，新一轮科技革命属于通用性科技革命。随着以人工智能、云计算、区块链、大数据等为代表的数字技术迅猛发展，在数字产业快速发展的过程中，数据也作为新型生产要素快速融入生产、分配、流通、消

费和社会服务管理等各环节，极大改变了各行各业的技术经济范式，推动产业发展由分工深化逐步走向相互融合，催生新产业、新业态和新模式，生成新的经济增长点。

产业融合化也将改变产业结构与经济增长方式。随着产业融合化发展的深入推进，经济增长可能不再局限于某个产业或某个部门单方面的快速发展，而表现为各行业之间的协同与融合，从提升服务质量、提高资源利用效率、满足多样化需求等方面共同提高经济发展质量。

近年来，我国产业融合化发展进程加速，对经济增长的贡献逐步上升，制造业服务化水平上升，供需协同性大大提升，人民群众的消费水平和生活品质也有了大幅提升。产业融合化发展推动生产组织和社会分工向网络化、扁平化、平台化转变，促进以平台企业为主导的新业态加快形成；催生了平台化设计、智能化制造、网络化组织、个性化定制、数字化管理等新模式，加深了产业之间的联系；促进提升产业与城市发展的协同性，对于区域协调发展具有积极作用。面向未来，广泛运用先进科学技术，持续破除市场准入壁垒，构建并完善与产业融合化发展相适应的体制机制，将进一步促进新产业新业态新模式发展。

四、为加快形成新质生产力奠定产业基础

当前，我国是全世界唯一拥有联合国产业分类中全部工业

门类的国家，220多种工业产品产量居世界首位，建成了全球最大的5G网络、高速铁路网、高速公路网、网络零售市场。但同时，我国产业发展仍处在全球价值链中低端，还存在关键核心技术"卡脖子"问题等。新征程上，我们要坚持以习近平新时代中国特色社会主义思想为指导，贯彻落实习近平经济思想，坚持把发展经济的着力点放在实体经济上，补齐产业发展短板弱项，建设具有完整性、先进性、安全性的现代化产业体系，为加快形成新质生产力奠定坚实产业基础，推动我国在未来发展和国际竞争中赢得战略主动。

健全现代化的基础设施。基础设施是产业发展不可或缺的公共品，是现代化产业体系的重要组成部分。产业在地理空间上的集聚，特别是专业化供应商、服务供应商、金融机构、相关产业的厂商及其他相关机构等在一定空间上集聚集群发展，可以大幅提高基础设施利用效率，有效降低集群产业的生产成本、配套成本及物流交易成本，并产生技术、知识与信息的外溢和共享。因此，要坚持以整体优化、协同融合为导向，统筹存量和增量、传统和新型基础设施发展，打造集约高效、经济适用、智能绿色、安全可靠的现代化基础设施体系，为我国产业转型升级、实现集群化发展创造有利条件。

补齐产业发展短板弱项。紧紧抓住制约高质量发展的关键核心技术开展科研攻关，推动短板产业补链、优势产业延链、传统产业升链、新兴产业建链，增强产业发展的接续性和竞争力。充分尊重科研规律，完善科研资源配置方式，促进科技成果转移转化，从制度上落实企业科技创新主体地位。健全关键核心技术攻关新型举国体制，把政府、市场、社会有机结合起来，科学统筹、集中力量、优化机制、协同攻关。

加强产业链供应链开放合作。加强产业链供应链开放合作，有利于改善我国生产要素质量和配置水平，塑造我国企业参与国际合作和竞争新优势。要进一步深化改革，加快构建全国统一大市场，破除地方保护壁垒，推动重点产业有序转移，优化生产力国内布局。坚持全球视野、开放思维，对标国际高标准经贸规则，积极营造良好的营商环境，支持企业深度参与全球产业分工合作，促进内外产业深度融合，推动产业高水平开放，努力在国际竞争中推动产业体系高质量发展。

加快形成新质生产力
建设现代化产业体系

黄群慧
· 中国社会科学院经济研究所所长

◎ 新质生产力是由技术革命性突破、生产要素创新性配置、产业深度转型升级而催生的当代先进生产力,它以劳动者、劳动资料、劳动对象及其优化组合的质变为基本内涵,以全要素生产率提升为核心标志。

◎ 战略性新兴产业和未来产业是现代化产业体系先进性的产业体现,建设现代化产业体系应该是战略性新兴产业和未来产业占比逐步提高的过程。

◎ 新型工业化的概念是相对于传统工业化而言的,其叠加了信息化、数字化、服务化、智能化以及利用人力资源等新要求,在新时代新征程上更加强调制造强国。

2023年12月召开的中央经济工作会议提出，要以科技创新引领现代化产业体系建设，尤其强调要以科技创新推动产业创新，特别是以颠覆性技术和前沿技术催生新产业、新模式、新动能，发展新质生产力。同时也要大力推进新型工业化，加快发展一批战略性新兴产业和未来产业。"加快形成新质生产力，建设现代化产业体系"既是2024年经济工作的重要任务，也是一项长期培育经济增长新动能的任务。

一、新质生产力系统

2023年9月，习近平总书记在黑龙江考察时第一次提出新质生产力。中央财经委员会办公室对新质生产力首次进行了比较全面的阐释：新质生产力是由技术革命性突破、生产要素创新性配置、产业深度转型升级而催生的当代先进生产力，它以劳动者、劳动资料、劳动对象及其优化组合的质变为基本内涵，以全要素生产率提升为核心标志。

从系统论角度来理解新质生产力，则更为全面。系统论作为基本的分析方法论，包含要素、结构、功能三个方面。从要素看，是新型劳动力、新型劳动对象和新型劳动工具，以及新型的基础设施。前三个要素可以组合成新型的基础设施，而新型的基础设施本身的内容作为支撑又很重要。从结构看，是战略性新兴产业和未来产业，涉及到传统产业深度转型升级，最终会形成一个现代化的产业体系。结构是要素的载体，即现代化产业体系是新质生产力要素的产业载体。从结构角度分析新质生产力系统，现代化产业发展形成现代化产业体系，从而发挥新质生产力系统的功能。从功能看，表现为全要素生产率的提升，也体现了新发展理念和高质量发展的要求，同时是推进新型工业化进程的要求。通过这个系统，新质生产力要素组合、现代化产业体系支撑和新型工业化功能得以联系起来。

二、现代化产业体系的基本特性

从党的二十大报告到二十届中央财经委员会第一次会议，中央越来越重视现代化产业体系的建设。对于现代化产业体系的理解，二十届中央财经委员会第一次会议提出智能化、绿色化、融合化，这些是产业的发展方向，同时又提出完整性、先进性和安全性的要求，在这个基础上可以把现代化产业体系拓展为六方面属性。

一是先进性。现代化产业体系的先进性是指产业体系中的各类产业技术水平处于创新、前沿状态的基本特性。现代化产业体系顺应了新一轮科技革命和产业变革的趋势，产业转型升级符合高端化、数字化、绿色化、服务化方向，实现数字经济和实体经济融合、一二三产业之间进行融合。战略性新兴产业和未来产业是现代化产业体系先进性的产业体现，建设现代化产业体系应该是战略性新兴产业和未来产业占比逐步提高的过程。

二是协同性。产业体系本身是一个复杂的经济系统，这个系统是由技术、资金、劳动力、自然资源、制度、政策等要素组成各类产业，各类产业在空间组合和时间连接的相互作用下发展形成的具有复杂结构的生态体系。现代化产业体系的协调性是指在产业结构向高级化、合理化演化过程中，各类生产要素有机组合、各类企业高度协同、各产业之间有效配合、产业链条各环节有序承转、区域合理布局的产业体系运行状态特性。

三是完整性。现代化产业体系的完整性是指各类产业门类齐全、产业链条完整、产品品种丰富完备、零部件配套能力强的基本特性。2023年中央经济工作会议指出，我国在需求端具有超大规模市场，在供给端具有强大生产能力。中国目前是世界上制造业体系最为完备、规模最大的国家。中国所拥有的由41个工业大类、207个工业中类、666个工业小类构成的工业体系，已经涵盖了联合国工业分类目录 39 个大类、191 个中类、525 个小类。中国制造业增加值已经连续 13 年居世界第一，接近全球制造业增加值的 30%。

四是开放性。强调完整性并不意味着不强调开放。要建设互利共赢、多元平衡、安全高效的全面开放的现代化产业体系，深度参与全球产业分工和合作，不断增强我国国际经济合作和竞争新优势，增强国内国际两个市场、两种资源的联动效应，在全球竞争中提升自己的产业竞争力。

五是安全性。2023 年中央经济工作会议特别强调了五个方面的规律，其中一个方面就是坚持高质量发展与高水平安全良性互动，其中产业链供应链安全、产业体系安全至关重要。现代化产业体系安全性是指在统筹产业发展与产业安全、统筹开放发展与经济安全的前提下各个产业、产业链供应链能够实现自主可控、安全可靠的基本特性。从产业链角度看，产业体系自主可控是指对产业链供应链的关键环节具备较强的把控力，把产业链供应链风险控制在可控范围内，对链条上的各环节、各主体、各要素具有控制力和影响力，能确保产业链供应链平稳运行，在特殊时期保障基本安全。需注意的是，并不存在绝对安全的产业链，只有安全水平相对较高的产业链，实现产业体系自主可控，就是追求一种相对安全的状态。

六是包容性。现代化产业体系的包容性是指产业体系内的各类现代产业发展的成果能更多更公平地惠及全体人民，产业体系具有包容各种不同类型的企业、产业和所有利益相关者的基本属性，体现了共享发展的新发展理念和全体人民共同富裕的中国式现代化的中国特色的基本要求。一方面，在追求先进性的过程中，要考虑到创新向善，创新要承担社会责任；另一方面，在产业体系形成中，要先立后破，不是把所有传统产业都当成低端产业简单退出，应该有序推进其转型升级。

三、实现新型工业化是关键任务

新型工业化的概念是相对于传统工业化而言的，其叠加了信息化、数字化、服务化、智能化以及利用人力资源等新要求，在新时代新征程上更加强调制造强国。要把高质量发展的要求贯穿新型工业化全过程，要把创新、协调、绿色、开放、共享这五个方面的理念贯穿新型工业化全过程，推进新型工业化是实现中国式现代化的一个关键任务。

推进新型型工业化，需要加快建设新型基础设施。关于新型基础设施的定义，在资本领域里有所谓七大领域——特高压、新能源汽车充电桩、5G基站建设、大数据中心、人工智能、工业互联网、城际高速铁路和城际轨道交通，实际上较为局限。按照新型工业化的要求，新型基础设施就是新型工业化的基础设施，是在传统工业化基础设施上叠加了信息化、数字化、网络化、智能化、绿色化等要求的设施，是新一轮科技和产业革命背景下信息技术、智能技术、新能源技术、绿色低碳技术等产生和应用的结果，新型基础设施既包括新一代智能化、信息化基础设施和新能源基础设施，也包括传统基础设施的信息化、智能化、绿色化改造后的设施。

推进新型工业化，要求加快发展未来产业和战略性新兴产业。从产业生命周期看，在孕育期时是未来产业，高速成长阶段是战略性新兴产业，成熟期时就是支柱产业。支柱产业往往在每年经济增长中发挥着重大作用，因为它占比会很大，但增速未必快；战略性新兴产业往往增速很快，但它处在高速成长阶段，在整个经济中占比并不大。在战略性新兴产业上，要下大力量使其迅速成长起来。在未来产业上，也需要大力培育，各个国家具体的未来产业发展方向重点布局可能不完全一样，但都符合信息化、数字化、网络化、智能化、绿色化等要求，各个国家都有相应的规划、方案和重点领域。未来产业是有风险的，相比于战略性新兴产业，其不确定性要求在资金供给机制上存在差异，战略性新兴产业的发展前景和技术路径相对固定，未来产业技术路径往往不是特别确定。正因如此，当资金或者资本市场去服务未来产业、战略性新兴产业和支柱产业时，要有不同的机制。

总之，培育新质生产力，建设现代化产业体系，推进新型工业化，当前应该重点采取以下关键措施：一是要充分发挥社会主义市场经济条件下的新型举国体制优势，强化高水平自主技术要素供给;二是积极探索有效投资机制,加大信息基础设施、融合基础设施和创新基础设施等新型基础设施建设的投资力度;三是建立完善产业基础能力评估制度,加快实施针对"产业四基"的产业基础再造工程;四是加快推进数字技术发展,以数字技术赋能制造业与服务业融合;五是积极推进绿色技术创新发展,实施绿色制造工程。

推进现代化产业体系建设 加快形成新质生产力

李　震·北京邮电大学经济管理学院讲师
蔡宏波·北京师范大学经济与工商管理学院副院长、教授

◎ 高质量发展阶段，经济发展所需的要素条件、配置机制、发展模式等都发生了根本性改变，这就要求大力推动动力变革、效率变革、质量变革，促进生产力实现新的跃迁，形成新质生产力。

◎ 构建现代产业体系，形成新质生产力，不仅需要推动生产要素质量变革，更需要推动政府服务和体制机制的深层次变革，激发实体经济和要素发展活力，营造良好的实体经济发展环境。

◎ 形成新质生产力，要求拥有数量庞大、质量优良、结构合理、配置有效的科技、人才、数据等优质要素，并且建立起要素之间的协同机制，优化要素配置，提升要素效率。

推进现代化产业体系建设 加快形成新质生产力

在新时代推动东北全面振兴座谈会上,习近平总书记强调:"积极培育新能源、新材料、先进制造、电子信息等战略性新兴产业,积极培育未来产业,加快形成新质生产力,增强发展新动能。"新质生产力有别于传统生产力,涉及领域新、科技含量高,与战略性新兴产业和未来产业息息相关,依靠科技创新驱动是其主要特征。

新质生产力是贯彻新发展理念、符合高质量发展要求的生产力。我国明确了创新、协调、绿色、开放、共享的新发展理念,并成为实现高质量发展的重要指引。高质量发展阶段,经济发展所需的要素条件、配置机制、发展模式等都发生了根本性改变,这就要求大力推动动力变革、效率变革、质量变革,促进生产力实现新的跃迁,形成新质生产力。新质生产力是高效汇集创新要素、科技创新发挥主导作用的生产力。在生产技术水平较低的条件下,传统的生产方式依赖于人力、资源的大量投入来提高生产力,存在着增长方式粗放、资源环境代价过高的问题。

区别于传统生产力，新质生产力是科技创新在其中发挥主导作用的生产力，创新要素高效汇集，以更高的发展效率和效能持续升级产业体系。新质生产力是数字时代更具融合性、更体现现代化产业体系的生产力。进入数字时代，数据成为联接科技创新、人才聚集、推动产业升级、形成新质生产力的关键生产要素，推动互联网、人工智能等现代化产业深度融合。与此同时，建设以实体经济为支撑的现代化产业体系，更加注重生产要素协同互动，促进更多科技、人才、数据等优质要素融入实体经济，形成新质生产力。

形成新质生产力，有助于我国把握住新科技革命机遇、赢得发展的主动权。形成新质生产力，不仅意味着以科技创新推动产业创新，更体现了以产业升级构筑新竞争优势、赢得发展的主动权。当前，在信息革命基础上孕育兴起的第四次科技革命，形成新质生产力，有助于我国引领新一轮科技革命和产业变革，把握住实现制造业技术和产业高端化升级的历史性机遇。形成新质生产力，有助于我国开辟发展新领域新赛道、重塑发展新动能新优势。当前，全球科技发展的新领域新赛道不断开辟，新动能新优势加速重塑，新一代信息、生物、能源、材料等领域颠覆性技术不断涌现，呈现融合交叉、多点突破态势。由新产业与新技术迸发出的新质生产力，将带来根本不同于以往的新质发展。

我国具备形成新质生产力的产业优势。改革开放以来，我国逐步建立起行业齐全、配套完善的产业体系。过去数十年的经济建设使我国成为世界制造业第一总量大国，制造业规模连续13年位居世界首位。产业基础好、市场需求大的优势逐步彰显，为进一步建设自主可控、安全可靠、竞争力强的现代化产业体系、进而形成新质生产力提供了有力的基础支撑。我国具备形成新质生产力的要素资源优势。一是科技实力跃升，我国全球创新指数排名从2012年的第34位上升至2022年的第11位，进入创新型国家行列。二是人才聚集，研发人员总量从2012年的325万人年提高到2022年预计超过600万人年。三是数据要素赋能显著。数据资源体系基本建成，数据要素市场化建设成效显现，数据确权、定价、交易有序开展。

进入高质量发展阶段，我国积极推进建设以实体经济为支撑的现代化产业体系，为形成新质生产力奠定良好基础。

以深化改革完善现代产业体系的制度基础。构建现代产业体系，形成新质生产力，不仅需要推动生产要素质量变革，更需要推动政府服务和体制机制的深层次变革，激发实体经济和要素发展活力，营造良好的实体经济发展环境。一是要深化科技、人才、数据等优质要素市场改革，建立公平竞争的市场环境和有效的市场机制，更好发挥政府作用，促进产业资源的合理配置与绩效优化。二是要推动高水平对外开放，进一步拓展开放领域、优化开放布局，积极引导外资投向高端制造领域，鼓励在我国设立全球研发机构，开展全球创新与产业合作，充分利用全球资源助力现代产业体系构建。

积极培育战略性新兴产业和未来产业。形成新质生产力,根基在实体经济,方向是产业升级。高质量发展阶段,以新能源、先进制造、电子信息为代表的战略性新兴产业和以类脑智能、量子信息、基因技术、未来网络等前沿科技为代表的未来产业亟待大力培育与发展。在此背景下,一是需要着力提升基础软硬件、关键基础材料和生产装备的供给水平,强化核心产品自给保障能力;二是需要坚持问题导向和系统观念,试点培育一批战略性新兴产业与未来产业先导区,切实解决新兴产业发展中产生的各类实际问题;三是需要加强地方战略性新兴产业与未来产业项目的窗口指导,引导地方在建设新兴产业链过程中差异化布局、互补式发展。

高效汇集创新要素,推动建立有效的创新生态体系。新质生产力代表一种生产力的跃迁,关键在科技创新。具体而言,一是支持制造业创新中心、科技型骨干企业、新型研发机构等创新主体围绕产业转型升级和技术进步,加大产业关键共性技术研发和供给并向企业转移转化。二是推动科技成果有效"赋智"制造业企业,带动中小企业走"专精特新"发展之路,促进上下游产业链协同、大中小企业融通发展、产学研用深度融合。三是强化技术研发、标准制修订、测试评估、创业孵化等优势资源汇聚,支持建设未来技术创新策源地、创新成果转化试验地、未来场景应用引领地、未来产业发展集聚地。

围绕现代化产业体系构筑新的人才红利。当前，虽然我国人口发展面临少子化、老龄化、区域人口增减分化的趋势，但我国高学历人口规模十分可观，研发人员总量稳居世界首位，"人口红利"正逐步向"人才红利"转变。形成新质生产力需要加快塑造素质优良、总量充裕、结构优化、分布合理的现代化人力资源，一是落实推进以《国家职业技术技能标准·智能制造工程技术人员（2021年版）》为基础的智能制造人才培养体系建设与认证工作。二是进一步提升战略性新兴产业与未来产业的人才集聚，以企业的实际需求为指引，增强校企合作与人才联合培养，促进产学研一体化，以人口高质量发展助力新质生产力发展。

创新高质量数据要素供给、流通及开发利用机制。数据要素是数字时代深化高质量发展的核心引擎，对提高生产效率的乘数效应不断凸显。赋能形成新质生产力，一是要支持市场主体依法合规开展数据采集，统筹公共数据资源开发利用，构建统一的国家公共数据开放平台和开发利用端口，强化高质量数据要素供给。二是要加快构建数据要素市场规则，培育市场主体、完善治理体系，促进数据要素市场流通。三是要鼓励战略性新兴产业和未来产业的创新数据开发利用模式，在确保数据安全、保障用户隐私的前提下，调动行业协会、科研院所、企业等多方参与数据价值开发，创新数据要素开发利用机制。

发挥要素协同配置效应，促进各类生产要素协同互动。形成新质生产力，要求拥有数量庞大、质量优良、结构合理、配置有效的科技、人才、数据等优质要素，并且建立起要素之间的协同机制，优化要素配置，提升要素效率。为此，一方面要推动劳动力要素合理畅通有序流动、推动资本要素服务实体经济发展、大力促进技术要素向现实生产力转化、加快培育数据要素市场等，力争在科技、人才、数据等优质要素市场化配置关键环节上实现重要突破。另一方面，要在构建全国统一大市场的前提下，开展要素市场化配置改革试点示范，着力破除阻碍要素自主有序流动的体制机制障碍，全面提高要素协同配置效率。

新质生产力推动中国经济高质量发展

谢　璐·成都理工大学商学院副教授
韩文龙·西南财经大学经济学院副院长

◎ 进入新发展阶段，新质生产力的"新"和"质"都是以科技创新为主的生产力，都需要摆脱传统增长路径，形成适应数字经济时代要求，推动实现高质量发展的先进生产力。

◎ 发展新质生产力，必须抓住新一轮科技革命和产业变革的重大机遇，不断突破关键核心技术，发挥科技创新的牵引作用，形成具有国际竞争力的技术创新体系和产业集群，带动经济高质量发展。

◎ 发展新质生产力必须不断激发各类企业的积极性、主动性和创造性，建立以企业为主体、市场为导向、产学研深度融合的技术创新体系。

习近平总书记关于"新质生产力"的重要论述，为新发展阶段全面落实创新驱动发展战略、大力推动产业结构优化升级、有效促进区域经济协调发展、加快培育未来产业竞争新优势，进而推动中国经济高质量发展提供了根本遵循。

一、先进生产力的重要表现形式

生产力是推动社会进步最活跃、最革命的要素。社会生产力的发展是衡量社会进步的重要标志，也是推动整个社会发展由低级到高级、由落后到先进的关键力量。构成生产力的要素可以分为实体性要素和非实体性要素，其中劳动者、生产资料与劳动对象是实体性要素，科技、管理、信息和数据等是非实体性要素。从生产力的要素结构来看，与传统生产力不同，新质生产力就是实体性要素提质增效，同时非实体性要素，尤其是科技创新发挥着主导作用的先进生产力。

新质生产力的"新"体现在要素构成和具体表现两个方面。一是要素构成新，包括掌握新科技的新型劳动者、智能设备等新生产资料、数字空间等非物质化的新劳动对象，以及新科技、新管理模式和数据新要素等。二是具体表现新，即依托于新技术、新产业、新业态和新领域的先进生产力。新质生产力的"质"则体现为四个方面的要求。一是新本质。科学把握和实施创新驱动发展战略，要求新质生产力必须与传统生产力有本质区别，经济发展方式由传统要素驱动转向创新驱动。二是高质量。推进中国式现代化、全面建设社会主义现代化国家，要求新质生产力必须服务于高质量发展的目标取向。三是高品质。我国社会主要矛盾的转化，要求新质生产力必须更好满足人民对高品质生活的需要。四是"质"优势。中华民族伟大复兴战略全局，要求新质生产力必须服务于构筑"质""量"并重的国际竞争新优势。进入新发展阶段，新质生产力的"新"和"质"都是以科技创新为主的生产力，都需要摆脱传统增长路径，形成适应数字经济时代要求，推动实现高质量发展的先进生产力。

二、赋予经济高质量发展新动能

通过牵引效应赋能。科技创新在新质生产力中发挥着主导性作用。科学技术是第一生产力。历次工业革命中，科学技术领域的重大突破总会带来产业变革，进而深刻改变人类的生产方式和生活方式。当前，以人工智能、分子工程、石墨烯、虚拟现实、量子信息技术、可控核聚变、清洁能源等为技术突破口的科技革命和产业变革正在孕育兴起。发展新质生产力，必须抓住新一轮科技革命和产业变革的重大机遇，不断突破关键核心技术，发挥科技创新的牵引作用，形成具有国际竞争力的技术创新体系和产业集群，带动经济高质量发展。

通过结构效应赋能。现代社会的经济增长具有结构效应。首先，现代社会的经济增长一般遵循配第-克拉克定理，劳动力等逐渐从农业转向生产效率更高的工业和服务业；其次，科技创新一般率先出现在个别部门，进而通过关联产业的扩散效应逐渐惠及其他部门；再次，一个国家和地区在一定时期内总是存在主导产业与支柱产业，成为带动其经济增长的主要行业。新质生产力的发展，必然推动战略性新兴产业和未来产业的链条式与集群式发展，成为劳动生产率和全要素生产率最高的行业及部门，进而通过经济结构的不断优化推动经济高质量发展。

通过乘数效应赋能。乘数效应是指经济活动中某一变量变动所引起的宏观经济总量变动的连锁反应。以新质生产力为例，随着科学技术的不断进步，经济增长函数不再表现为依靠资本、劳动、土地等传统要素投入的累加式增长，而是通过高质量要素投入和科技创新驱动产生乘数式增长。新质生产力聚焦的新技术、新产业、新业态和新领域，正是生产率高和附加值高的部门和产业，有利于通过乘数效应来带动经济总量的持续增加和发展质量的持续跃升。

通过增长效应赋能。经济可持续增长是实现高质量发展的前提。经济增长可分解为水平效应和增长效应。水平效应主要反映国内生产总值的增减变动，增长效应主要反映国内生产总值增速的快慢变化。从世界高收入国家的增长经验来看，重要领域和支柱产业的科技进步是一国或地区经济可持续发展的主要驱动力。发展新质生产力必然要求在重大科技领域实现新突破，在战略性新兴产业和未来产业领域形成新优势。通过促进科技创新、升级产业结构、提升资源配置效率和创新体制机制，可以不断提高全要素生产率，进而不断释放经济增长潜力，确保经济可持续、高质量发展。

三、推动高质量发展的关键路径

一是以高新技术创新为牵引，加快实现高水平科技自立自强。立足新发展阶段，加快形成新质生产力是实现经济高质量发展的内在要求，而高新技术创新发展是发展新质生产力的关键所在。面对加速演进的新技术及其带来的新机遇，尽快破解我国在重要关键领域的"卡脖子"困境，需要充分发挥新型举国体制优势，引导政府、市场和社会协同发力，面向高水平科技自立自强，加快建设国家创新体系，强化国家战略科技力量，优化配置创新资源，提升国家创新体系整体效能，夯实经济高质量发展的科技支撑力量。

二是以先进制造业为主体，大力发展战略性新兴产业和未来产业。习近平总书记指出："实体经济是一国经济的立身之本、财富之源。先进制造业是实体经济的一个关键，经济发展任何时候都不能脱实向虚。"顺应时代发展趋势，发展先进制造业是实现国家现代化的关键，也是塑造国际竞争优势的重要来源。当前，我国需要重点推进制造业补链强链，以实施产业基础再造工程，健全产业基础支撑体系，加强产业技术标准体系建设为着力点。加快推进数字领域关键核心技术突破，加快传统产业数字化转型步伐，持续提升供应链产业链韧性，积极参与全球数字贸易规则制定，以此促进数字经济和实体经济深度融合。积极发展新一代信息技术、生物技术、新能源、新材料、高端装备等战略性新兴产业，加快布局类脑智能、量子信息、基因技术、未来网络、深海空天开发等未来产业，打造新型工业化关键引擎。

三是以制度创新激发企业积极性、主动性与创造性。科技创新是促进新质生产力发展的内在动力，制度创新是促进新质生产力发展的外在推力。新质生产力作为先进生产力，必然要求与之适应的新的生产关系，即围绕加快形成新质生产力进行的制度创新。当前，发展新质生产力必须不断激发各类企业的积极性、主动性和创造性，建立以企业为主体、市场为导向、产学研深度融合的技术创新体系。这就需要围绕科技创新和产业优化升级，不断完善科技创新体系，完善各类产权制度，培育统一的技术和数据要素市场，建立健全资本市场支持科技创新和新兴产业发展的体制机制，建立健全科技创新激励机制，完善国际科技交流合作机制等。

四是以高质量人力资源推动技术创新与产业发展。习近平总书记指出："科技创新，一靠投入，二靠人才。"发展新质生产力，关键是科技创新，核心是人才支撑。进入新发展阶段，加快推进科技创新，促进产业结构转型升级，推动经济高质量发展，都离不开高质量人力资源的积累和跃升。一是要依靠高质量的教育，尤其是高质量的高等教育体系。加快推进一流高校和学科群的建设，围绕"高精尖缺"领域培养拔尖创新人才。二是要建立科学有效的选人用人机制，充分发挥市场在人力资源配置中的决定性作用，完善人才评价、考核、激励和报酬机制，让各类人才充分展示才华，让优秀人才脱颖而出。三是加快建设世界重要人才中心和创新高地，既要迈开脚步"走出去"，更要敞开大门"引进来"，吸引更多优秀科技人才为我所用。

加快形成新质生产力的着力点

蒲清平

· 重庆大学马克思主义学院教授

◎ 新质生产力是经济新常态出现的生产力新质态，由"高素质"劳动者、"新质料"生产资料构成，以科技创新为内核、以高质量发展为旨归，是适应新时代、新经济、新产业，为高品质生活服务的新型生产力。

◎ 充分发挥党和国家强有力的统筹协调和组织动员能力，以重大创新项目带动技术创新，以龙头企业引领产业集群，形成政府部门、重点企业、科研院所协同攻关的发展模式，推动形成新质生产力。

◎ 抓住我国人力资源由量转质的发展特征，进一步整合人力资源，推动人力资本跃升，为加快形成新质生产力提供基础性、战略性支撑。

◎ 以更加开放的胸怀、更加主动的姿态融入与适应全球创新生态，在更高起点和更高水平上实现科技自立自强，融入全球科技革命浪潮，助力加快形成新质生产力。

2023年9月，习近平总书记在黑龙江省哈尔滨市主持召开新时代推动东北全面振兴座谈会时指出："积极培育新能源、新材料、先进制造、电子信息等战略性新兴产业，积极培育未来产业，加快形成新质生产力，增强发展新动能。"有别于传统生产力，新质生产力是经济新常态出现的生产力新质态，由"高素质"劳动者、"新质料"生产资料构成，以科技创新为内核、以高质量发展为旨归，是适应新时代、新经济、新产业，为高品质生活服务的新型生产力。当今世界正处于百年未有之大变局，新一轮科技革命和产业变革与中国加快转变经济发展方式形成历史性交汇，加快形成新质生产力，抢占发展制高点、形成发展新动能、培育竞争新优势，是破解社会经济发展难题，推进经济高质量发展的必然之举。

一、发挥政府主导作用，优化完善顶层设计

处理好政府和市场的关系。实践证明，处理好政府和市场的关系是形成先进生产力的关键。政府通过制定政策、出台法规，从而引导生产力发展。市场通过价格、供需、竞争机制，激发创新活力，促进科技成果转化和产业化。一方面，发挥有为政府作用，引领重大科技攻关。政府需要引导支撑基础性、关键性技术的研发攻关，加大科技研发、人才培养投入力度，通过财政和税收支持，协同产业链上下游企业创新发展。另一方面，发挥有效市场作用，促进科技成果向现实生产力转化。充分发挥市场的资源配置优势，支持建设政企联合平台，组建企业创新联合体，加快科技成果转化落地，最终形成有为政府和有效市场相互配合的良好局面。

处理好生产力与生产关系的关系。加快形成新质生产力需要处理好体制机制改革问题。全面深化改革，就是要不断调整生产关系以适应和引领先进生产力的发展。推进供给侧结构性改革，减少无效和低端供给，扩大有效和中高端供给，增强供给结构对需求变化的适应性和灵活性，提高全要素生产率。优化完善体制机制，提升组织能力、完善联动机制、优化市场准入规则，充分释放市场活力。

健全新型举国体制。新型举国体制的优势在于统筹资源集中力量办大事。进入新发展阶段，需要从大国博弈、经济社会

发展、人民对美好生活的向往出发，继续完善党中央对科技工作统一领导的体制，充分发挥中国特色社会主义制度优势，坚持高效决策、统一指挥、形成合力，大幅提升国家科技攻关体系化能力，在重要战略性领域形成竞争新优势。充分发挥党和国家强有力的统筹协调和组织动员能力，以重大创新项目带动技术创新，以龙头企业引领产业集群，形成政府部门、重点企业、科研院所协同攻关的发展模式，推动形成新质生产力。

加大政策支持力度。新质生产力的形成，需要科学有效的政策支持。加强系统谋划，加快出台支持未来产业发展的指导性文件。贯彻落实《新产业标准化领航工程实施方案（2023—2035年）》，组织开展新兴产业、未来产业创新任务"揭榜挂帅"工作。着眼关键领域，适时出台重点领域的专项发展规划，鼓励先进地区充分发挥区位优势先行先试，进而以一域带全局，形成创新策源、产业承载、资源保障的多层次空间格局。地方政府需要抓住未来产业发展的战略机遇期，出台相关政策。

二、贯穿创新主线任务，实现科技自立自强

创新是引领发展的第一动力，也是加快形成新质生产力的关键。近年来，我国科技创新投入持续加大。2022年全年研究与试验发展（R&D）经费支出比上年增长10.4%，与国内生产总值之比提高至2.55%。科技创新对产业发展的支撑力度逐渐

增强，为加快形成新质生产力提供了坚实基础。

精准布局创新链，发挥创新链对产业链的支撑作用。一是在创新领域，围绕产业链布局重点、供应链安全堵点精准布局，加快建设一批研发应用中心，让创新链与产业链深度融合，解决科研与经济发展脱节问题。二是在创新方式上，继续加快推进原始创新、集成创新。着力探索前沿领域、未来领域，以国家战略需求为导向，集聚力量进行原创性引领性科技攻关，抢占优先权和制高点。加强技术体系、创新体系和创新生态建设，精心组织跨学科和跨产业集成，实现单元技术、关键技术的集成和关键领域的突破，提升集成创新水平。三是在创新主体上，激发企业创新的主动性，加速科研成果转化，形成新兴产业"策源地"。围绕科研创新链，融合技术创新链，充分调动企业协同创新。政府和企业、社会还需要注重制度创新、管理创新，为形成新质生产力营造创新生态。

以科技创新引领实现高水平科技自立自强。一是坚持久久为功，加强基础研究。进一步优化基础学科建设布局，支持重点学科、新兴学科发展，推进学科交叉融合，以学科体系支撑研究体系。健全国家实验室体系，深化高校院所、科研机构、尖端企业之间的科研合作，加快建设跨学科、大协作、高强度的协同创新平台。建立完善竞争性项目支持和稳定性机构支持相结合的基础研究投入机制。二是抓住主要矛盾，做好"集中攻关"。坚持面向世界科技前沿、面向经济主战场、面向国家重大需求、面向人民生命健康，科学统筹、集中力量、协同攻关。既要拓展先进领域科技研发的广度，又要拓展科学技术的深度，在基础材料、关键元器件等关键技术领域突破"卡脖子"问题。三是把握战略机遇，实现"变道超车"。深入实施创新驱动发展战略，积极培育数字技术、人工智能等颠覆性技术创新，围绕具有先发优势的潜在关键技术和引领未来产业的前沿技术，及早布局，抢占发展制高点、培育竞争新优势。

加快实现科技成果向现实生产力转化。创新必须落实到创造新的增长点上，把创新成果变成产业活动。科技成果需要完成从科学研究、实验开发、推广应用的"三级跳"，才能真正实现创新驱动发展，从而形成新质生产力。强化企业创新主体作用，鼓励企业推进科技创新和科技成果转化，塑造更多发展新动能新优势。支持企业与高校科研院所共建实验室和中试基地，采用政府搭建、民营兴建、企业自建、闲置改建等模式打造一批高能级的中试机构，为中小企业提供实验技术的二次开发和中试熟化等研发设计外包服务及中试验证服务。以企业为主体建设一批企业重点实验室、企业研究院、企业技术中心等研发机构。加快布局一批企业技术中心，将技术研发、成果扩散、产品商业化、产业化串珠成链，打通实验室产品与产业化之间的"梗阻"，让各种要素、平台、主体相互协同、相互支撑，把科技创新的策源、转化、服务融为一体，形成成果转化全链条。

三、释放产业载体动能,推进产业转型升级

新质生产力的载体是现代产业。近年来我国持续加大对重大科技项目的投入力度,将自主可控关键核心技术应用到产业链中,创新产业的孵化能力持续增强。根据国家统计局公布的数据,2022年,我国有国家级科技企业孵化器1425家,国家备案众创空间2441家。一大批新兴产业、未来产业成为新质生产力成长的主阵地。

推进传统产业转型升级。新质生产力形成的过程,也是主导产业、支柱产业迭代升级的过程。一方面,推进产业高端化、智能化、绿色化发展。在产业高端化方面,既要抓基础元器件、基础零部件等基础工业,又要抓大飞机、工业母机、医疗装备等重点领域高端装备。在智能化方面,大力推进人工智能技术在传统产业领域的融合,推进人工智能与生产设备和控制系统的融合,实现生产控制和运营优化的智能化变革。在绿色化方面,加快实现绿色低碳技术重大突破,实施传统产业焕新工程,推进传统产业制造工艺革新和设备改造。另一方面,延伸新兴产业衍生的产业链,提升产业附加值,带动传统产业升级改造。不断拓展新兴产业的广度和深度,以新兴产业和未来产业带动传统产业改造升级。推进传统产业和新兴产业良性互动,推动产业上下游互联互通,实现传统产业更新换代,带动产业结构与形态梯次升级。

重点培育战略性新兴产业和未来产业。一是明确发展方向。聚焦新一代信息技术、生物技术、新能源、新材料、高端装备、新能源汽车、绿色环保以及航空航天、海洋装备等战略性新兴产业，培育壮大产业发展新动能；在类脑智能、量子信息、基因技术、未来网络、深海空天开发、氢能与储能等前沿科技和产业变革领域，谋划布局一批未来产业。二是实现融合发展。新兴产业、未来产业相互关联，形成一批颠覆性技术和重大原创成果、培育一批行业领军企业，进而形成若干全球领先的新兴未来产业集群。三是营造良好的市场环境。加大对知识产权的保护和监管，建立自主知识产权创新激励机制，激发市场主体创新活力，破除阻碍新兴产业发展壮大的体制机制障碍，营造良好产业发展环境。四是积极开展前瞻性产业空间布局，推动地方产业规划与国家整体战略规划相结合，重点部署产业集聚，实现城市群协同发展，提升整体产业发展效能。

建立高质量现代化产业体系。一是推进新型工业化，实施产业基础再造工程和重大技术装备攻关工程，支持专精特新企业发展。二是发展壮大新兴产业集群，紧紧围绕战略性新兴产业的重点领域，对标国际领先水平，打造一批具有国际先进水平的战略性新兴产业集群。促进数字经济和实体经济深度融合，打造具有国际竞争力的数字产业集群。三是加快建设高效顺畅的流通体系，优化基础设施布局、结构、功能和系统集成，构建现代化基础设施体系。总之，推动三次产业跨界融合，打造具有核心竞争力的优势产业集群，加快构建高质量现代化产业体系，整体提升国家科技水平和产业能级，在现代化产业体系构建过程中形成新质生产力。

四、整合人才主体资源，推动人力资本跃升

人才是形成新质生产力最活跃、最具决定意义的能动主体。新时代，我国劳动力素质显著提升，高层次人才、职业技术人才队伍不断壮大，为生产力从量到质的飞跃提供了坚实基础。2022年6月，中国科协创新战略研究院发布的《中国科技人力资源发展研究报告（2020）》显示，2020年年底，我国科技人力资源已达11234.1万人（不考虑出国留学未归、"专升本"等因素）；截至2019年年底，我国大专学历以上科技人员占比超90%。抓住我国人力资源由量转质的发展特征，进一步整合人力资源，推动人力资本跃升，为加快形成新质生产力提供基础性、战略性支撑。

着力人才自主培养，做好科教兴国战略基础性工作。发挥我国高等教育在人才培养中的引领作用，把教育优势与产业优势相结合，根据产业需要动态调整学科专业设置，优化人才培养体系，推进科教融合和产教融合。加强创新创业教育，优化创新创业人才培养机制和培养模式。推进高等教育开放交流合作，吸收国际先进有效的办学治学理念，充分吸收和利用世界

一流教育资源。

优化人才结构、空间布局。一方面，优化人才结构，前瞻性谋划"人才地图"。针对人才类别和特长，选拔培养一批战略帅才、产业英才、青年俊才和制造匠才。打造从战略科学家、一流科技领军人才和创新团队，到能工巧匠、大国工匠的各类互补性人才体系。另一方面，优化人力布局，科学使用人才资源。推动人力资本在空间区域上均衡分布，调整和改善劳动力在地理空间、产业结构等方面的分布格局，使其更加合理、均衡。地方政府需要制定人才发展规划，加快布局人工智能产业复合型人才、生物医药高端型人才、"双碳"行业专业型人才。

完善人才评价、考核制度。一是在人才评价方面大胆探索，"不拘一格降人才"。鼓励、引导广大科技人员敢于提出新理论、开辟新领域、探索新问题。构建更加包容的科研管理机制和创新文化生态，保障科研人员顺利度过基础理论从提出到落地的"空窗期"，以及原始创新从"从0到1"突破的"冷板凳期"。二是建立科技创新激励机制和荣誉体系，加大对承担前瞻性、战略性、基础性等重点研发任务的科技人才的激励力度，加大对优秀科研人才和重大科研成果的表彰宣传力度，使科研人才收获物质和精神双重激励。系统完善人才引、育、用、留、评全过程的保障政策，营造人才长得成、引得进、用得好、留得住的良好环境，推动若干地区建成世界人才枢纽和发展高地。

积极培育高质量技能劳动者。一是提升劳动者知识素质，新质生产力是知识密集型生产力，持续追踪国内外各专业、各领域、各行业、各产业的前沿知识及新兴技术，及时组织培训活动，更新培训内容，促使劳动者与时俱进地刷新知识体系与技能体系。二是提升劳动者创新能力。引入创新容错纠错机制，宽容探索性失误，激发劳动者创新创造的积极性。三是培育劳动者协作精神。营造鼓励集思广益、崇尚群策群力的协作环境，搭建主体多元、沟通顺畅、安全可靠的协作平台，完善以项目牵引团队建设、以团队保障集智攻关的协作机制，促使劳动者培育协作意识，进而在信息共享、知识扩散、技能倍增、优势互补中发挥与强化协同功能，促进新质生产力的跃升。

五、积极参与国际科技创新，加强对外开放合作

不断完善开放创新机制。一是深化创新对话机制，加强与主要国家、重要国际组织和多边机制围绕研发合作、创新政策、技术标准、知识产权跨国并购等深度沟通，围绕政策制定、科技合作和技术交流平台、重大国际研发任务等内容开展对话合作。二是深化政府间科技合作机制，推进与发达国家建立创新战略伙伴关系，与周边国家打造互利合作的创新共同体，实施发展中国家科技伙伴计划和金砖国家科技创新框架计划，推动在科技资源共享、科技政策规划与咨询等方面的合作，打造新

型科技伙伴关系。三是深化产业界深度参与机制。深度参与全球产业分工，找准我国企业在全球产业链的定位及与他国产业的连接链，向上下游同步拓展技术转移与产业对接的合作空间，争取全球产业布局的主导权。

促进开放创新资源双向流动。一是依托"一带一路"建设等国际合作平台，组织开展未来产业领域的产业平台共建、应用市场互通等工作，强化国内外产业链供应链创新链的互动。二是提升企业发展的国际化水平，鼓励有实力的企业开展国际科技创新合作，支持国内企业在国外设立研发机构、参与国际标准制定，积极开拓国际市场，深度融入全球产业链、价值链、供应链和创新链。三是鼓励外商投资新兴产业，在国内设立科研合作平台。支持国内高端智库、领军企业和科研院所同世界先进科研、产业平台对接合作，建设高层次联合研究中心，组建国际产业创新联盟。四是深化科技人员国际交流，优化国际合作平台的集群建设，开展国际培训、人才培养和信息服务，建立以国际科技成果与创新合作成果为导向的评估资助机制，吸引海外杰出人才来华工作、交流。

参与全球开放治理体系。一是积极参与重大国际科技合作规则制定，主动设置全球性议题，提升对国际科技创新的影响力和制度性话语权。二是优化驻外科技机构和科技外交官的全球布局，支持和推荐更多的科学家等优秀人才到国际科技组织交流和任职，同时，争取和吸引国际组织在我国落户，鼓励设立新的国际组织，发挥民间交流在促进国际科技创新合作中的作用。以更加开放的胸怀、更加主动的姿态融入与适应全球创新生态，在更高起点和更高水平上实现科技自立自强，融入全球科技革命浪潮，助力加快形成新质生产力。

打造新质生产力　推进新型工业化

芮明杰
· 复旦大学管理学院教授

◎ 现今全球类脑智能正在成为新一轮科技革命和产业变革的"核爆点",以人工智能为核心的新技术将对所有的产业,尤其是工业制造业,产生不可估量的影响,必将导致新生产方式和新质生产力的形成与发展。

◎ 新型工业化的本质是在现代科学技术、生产技术的背景下,所形成的不同于过去大规模大批量标准化生产的全新生产方式。

◎ 通过发展新质生产力,推动现有产业体系、产业结构转型升级,作为产业主体的企业实现生产方式和生产组织的转型,已经成为推动新型工业化的关键。

党的十八大以来，国内外经济环境发生了重大变化，科学技术进步加快，数字技术、人工智能技术、生命科学技术、空间科学技术等对现有产业尤其是工业制造业产生了重大影响，我国经济也随之进入一个全新的发展阶段。为构筑中国式现代化强大的物质技术基础，党的二十大报告强调推进新型工业化，并且明确了到2035年"基本实现新型工业化"的目标。

一、新型工业化的历史必然性

工业化是一个国家或经济体以工业为经济增长主要引擎的经济发展过程，这个过程同时还伴随着城市化的进展。工业化的主要标志是大工业生产方式的形成与发展，即大规模大批量标准化生产方式的形成与发展，机器生产替代了人工劳动生产，生产效率大幅度提高，产品质量稳定可靠，生产成本大幅度降低，工业创造了大量的就业机会和社会财富。这样的生产方式背后是科学技术、生产工艺技术、劳动者生产技能以及生产组织方式的进步。生产效率不断提升，居民在基本工业品需求得到满足后，工业品的量的增长就极为有限了。

随着居民收入水平的提高，其对工业消费品的需求就从对量的追求转变为对质的追求，转变为对更多样化产品或服务的追求，于是工业消费品亟需创新迭代，由此带动生产资料的发展，并催生服务业的发展。生活服务业与生产服务业就逐步发展起来，此时工业这一经济引擎就逐步让位于服务业这一经济增长主要引擎，工业化也就进入尾声，即工业化后期。

我国工业化是在计划经济下起步，并逐步形成基本的工业体系的。而工业化进程的全面展开是在1978年改革开放之后，工业制造业全面发展进步，成为经济增长的发动机。我国经济持续增长速度惊人，创造了中国奇迹。时至今日，我国已经形成了全球最为完整的产业体系，有220多种工业产品的产量居全球第一，许多产品具有全球竞争力，产品生产的产业链、供应链配套组织能力很强，被称为"世界工厂"。尽管经济发展取得巨大成就，人均GDP已经超过12000美元，但我国尚处在中等收入国家行列，全国各地区工业化水平差异性还较大。沿海地区如广东、上海、江苏、浙江等可以说已进入工业化后期，但中部的江西、湖南、湖北、河南等地尚处在工业化中期的后阶段，西部地区尚处在工业化中期阶段。

所以，我国尚需要进一步的工业化，实体经济尤其是工业制造业还是我国广大地区今天与未来经济增长的主要引擎。值得特别关注的是，现今全球类脑智能正在成为新一轮科技革命和产业变革的"核爆点"，以人工智能为核心的新技术将对所有的产业，尤其是工业制造业，产生不可估量的影响，必将导致新生产方式和新质生产力的形成与发展。我国经济的持续增长需要进一步的工业化，而进一步的工业化一定与过去不同。今后，工业制造业将以全新的方式发展，并以新的方式继续成为我国经济增长的重要引擎。

二、推进新型工业化的着力点

新时代新征程，以中国式现代化全面推进强国建设、民族复兴伟业，实现新型工业化是关键任务。可见，新型工业化的推进和实现对于推进中国式现代化建设十分重要。围绕中国式现代化的实践要求，应从以下几方面扎实推进新型工业化。

首先，形成新生产方式。新型工业化的本质是在现代科学技术、生产技术的背景下，所形成的不同于过去大规模大批量标准化生产的全新生产方式。对于这一新的生产方式，可以称之为"以互联网为支撑的智能化大规模定制的生产方式"。其核心是为满足个性化消费需求而进行的个性化定制生产服务。这是可以实现大规模定制的全新模式，不同于今天的B2C，而是真正的C2B。

个性化定制生产针对不同消费者的不同偏好，需要快速准确地获得、分析和判断消费者的不同需求，并快速按照需求组织生产制造。新型制造工厂（包括农业的新型种植业工厂）的生产设备互联互通、智能一体化运行，能更快地感知反应、计算判断、分析决策、自行组织，实现机器自组织地开展生产服务，这便是根据数据计算分析后的智能化生产制造。这需要产业主体对数字技术、智能技术、绿色低碳技术等进行融合创新，实现产业的数字化、智能化和绿色低碳化转型，以便根据消费者个性化需求实现智慧生产和服务，来提供更多更好的数字智能产品与服务。

其次，构建新生产组织方式。新型工业化需要发展全新的生产组织方式，这是因为新型工业、新型农业和新型服务业需要全新的生产组织方式以适配。新型工业化的生产方式是基于新的智能生产系统、数字孪生体系以及C2M平台的大规模个性化定制。生产既可以集中大规模定制，也可以单个定制，如3D打印。为此，需要新的生产组织过程，即根据消费者个性数据生成消费者满意的订单，然后根据订单发送至距离消费者最近的区域展开生产制造，并配送到家。对于这样的新生产组织方式，可称之为"分散生产、就地配售"。这就是所谓的数据支持智慧生产组织方式。

为实现新的生产组织方式，首先需要一个强大的平台，由此平台把消费者、生产商关联组织起来，实现数据和信息的快速流动，加上新的智慧型供应链体系、新的分销体系的配合，形成全新的生产组织，极大提高资源配置效率，提高产业的国际竞争力。构建这样的新生产组织方式，需要与新的生产方式同步进行，是一个逐步协同发展的过程。在此过程中，市场机制很重要，产业的头部企业也很重要。

再次，发展新质生产力。新型工业化是在当代以及未来全新的技术基础上进行的，其之所以对经济增长影响很大，是因为形成了新质生产力。所谓新质生产力就是建立在数字技术、算力、智能技术和绿色低碳技术等基础上形成的生产力，是一种效率更高、质量更高、创造附加价值更高的生产力。这种生产力与上述新生产方式和新生产组织方式相融合，就可成为经济增长的新引擎新动力。生产方式与生产关系协同调整，如此才能最大化推动社会的进步。

当下科学技术和生产技术进步，创新整合生产要素是形成新质生产力的关键。从时下技术进步的趋势来看，数字化、智能化和低碳化是方向，数据投入、数据算力、创新能力是形成新质生产力的基本要素。通过发展新质生产力，推动现有产业体系、产业结构转型升级，作为产业主体的企业实现生产方式和生产组织的转型，已经成为推动新型工业化的关键。为此需要制定特定产业政策推动现有企业的转型，同时通过优化营商环境，催生数字时代新型科技创新企业，尽快聚合发展新质生产力。

最后，践行新价值创造模式。新型工业化是高质量的工业化过程，高质量不仅表现在应用现代高技术于生产和生产组织过程之中，还表现在能够不断高效地为消费者提供高质量高附加价值的产品和服务，并在全球市场上获得强大的竞争力。因此，新型工业化需要新型企业通过打造自己的新质生产力，形成新的价值创造模式。新的价值创造模式的核心就是新型企业要形成新的商业模式，实现高附加价值的创造与获取。

新型商业模式需要新的价值主张，这就是创造满足个性化消费的高质量产品与服务。其价值创造点不仅在于从为个性化消费提供定制智能产品和服务中获得收益，还在于通过大量数据流量的分析与应用，为消费者更好使用产品深化服务，从而实现数字资产价值变现。践行新价值创造模式，首先需要先行建设良好的新基础设施，即将5G通信、数据中心、计算中心、工业互联网、新型平台等融为一体的数字智能产业基础设施。其次，以打造数字智能企业为目标，进行大规模的数字化转型和智能化改造，鼓励商业模式创新，鼓励产品与服务创新，鼓励在技术进步中实现高附加值创造。

围绕新制造、新服务、新业态推动新质生产力发展

黄奇帆
· 中国金融四十人论坛学术顾问、重庆市原市长

◎ 新制造涉及新能源、新材料、新的医药、新的制造装备和新的信息技术五个领域，但要称得上是新质生产力的概念，不是那些普通的科技进步、不是边际上的改进，而是要有颠覆性的科技创新。

◎ 新生产力需要有新服务，这个服务的重点在于镶嵌在全球产业链、供应链当中，对全球产业链具有重大控制性影响的生产性服务业。

◎ 培育新业态的核心是推动产业变革，是产业组织的深刻调整，有两个关键推力。

◎ 以战略性新兴产业和未来产业为代表的新制造，以高附加值生产性服务业为代表的新服务，以及以全球化和数字化为代表的新业态，形成的聚合体就是新质生产力。

一、第一个新是"新制造"

新制造涉及新能源、新材料、新的医药、新的制造装备和新的信息技术五个领域,但要称得上是新质生产力的概念,不是那些普通的科技进步、不是边际上的改进,而是要有颠覆性的科技创新。所谓颠覆性科技创新,以下五个新的标准至少要满足一个:

一是新的科学发现。这是"0到1"、从无到有的,对我们这个世界有新理解的重大发现。比如量子科学、脑科学的研究,可能会将人类对世界的认知、对自身的认知往前推进一大步。

二是新的制造技术。也就是在原理、路径等方面完全不同于现有的技术路线,却能够对原有的工艺、技术方案进行替代的制造技术,比如未来的生物制造,通过生物反应器的方式制造人类需要的各种蛋白、食品、材料、能源等。

三是新的生产工具。工具变革在人类发展史上始终处于重要地位，因为工具的革新带来了效率提升和成本下降，这样的例子有很多，比如EUV光刻机的出现让7纳米、5纳米芯片制造成为可能，新能源汽车制造中的一体化压铸成型技术，让新车的制造成本大幅下降等。

四是新的生产要素。过去的制造靠劳动力、资本、能源等要素，未来的制造中除了这些传统要素外，还会有数据这一新的要素。新的要素介入让生产函数发生了新的变化，规模经济、范围经济、学习效应会产生新的交叉组合和融合裂变。

五是新的产品和用途。每一个时代都有属于那个时代进入千家万户的"四大件""五大件"，近几十年是家电、手机、汽车等，未来可能是家用机器人、头戴式VR/AR设备、柔性显示、3D打印设备和智能汽车等。

回到当下，我们发展新制造需要以发展战略性新兴产业和培育未来产业为重点，"十四五"规划提出要聚焦新一代信息技术、生物技术、新能源、新材料、高端装备、新能源汽车、绿色环保以及航空航天、海洋装备等战略性新兴产业，加快关键核心技术创新应用，增强要素保障能力、培育壮大产业发展新动能。在类脑智能、量子信息、基因技术、未来网络、深海空天开发、氢能与储能等前沿科技和产业变革领域组织实施未来产业孵化与加速计划，谋划布局一批未来产业。

如今，我们看到全世界在这些领域的进展很快，人类正以前所未有的速度在推进科技进步，一批颠覆性的产品和科技将改变人们的生产生活方式，推动生产可能性曲线实现新的拓展和跃迁。

二、第二个新是"新服务"

服务成为生产力的重要构成是社会分工深化的结果。新质生产力需要有新服务，这个服务的重点在于镶嵌在全球产业链、供应链当中，对全球产业链具有重大控制性影响的生产性服务业。

关于服务业，世界经济版图里现在有三个特征：

第一个特征是在各种高端装备里面，服务业的价值往往占这个装备或者是这个终端的50%—60%的附加值。比如，一部手机有一千多个零部件，这些硬件形成的附加值占产品价值比例约45%，其余55%是操作系统、各种应用软件、各种芯片的设计专利等，就是各种服务。这些服务看不见摸不着，但代表这个手机55%的价值所在。其他如核磁共振，或者是各种各样的高端装备、终端都差不多有这样的特征。

第二个特征，整个世界的服务贸易占全球贸易比重越来越大。三十年以前，服务贸易占全球贸易总量的5%左右，现在已经达到了30%，服务贸易与货物贸易相比，货物贸易比重在收缩，服务贸易在扩张。

第三个特征，世界各国尤其是发达国家，在他们GDP的总量中，生产性服务业比重越来越大。我们经常说美国的服务业占美国GDP的80%，似乎有些"脱实就虚"，是不是有泡沫？需要注意的是美国80%的服务业里面有70%是生产性服务业，这70%×80%就是56%，也就是美国25万亿美元的GDP里面差不多有13万亿美元是生产性服务业，是和制造业强相关的高科技服务业。欧盟27个国家服务业增加值占GDP比重是78%，这78%里面有50%是生产性服务业，也就是欧盟GDP的39%是生产性服务业。美国生产性服务业占GDP的50%以上，欧盟占40%左右，其他发达国家、G20国家的生产性服务业增加值占GDP的比重也大体在40%—50%之间。

对比之下，这三个服务的指标恰恰是我们国家现在生产力的短板，我们2022年GDP当中制造业增加值占27%，服务业增加值是52.8%，但这52.8%里面有2/3是生活性服务业，生产性服务业不到1/3，也就是说我们的生产性服务业占GDP比重约为17%—18%，跟欧洲（40%）、美国（50%）相比差距是比较大的。

换言之，我们实现中国式现代化要加快发展生产性服务业，要实现高质量的中国制造，必须把跟制造业强相关的高附加值的生产性服务业增加值搞上去。

按照国家统计局的《生产性服务业统计分类（2019）》，生产性服务业包括为生产活动提供的研发设计和其他技术服务，货物运输、通用航空生产、仓储和邮政快递服务，信息服务，金融服务，节能和环保服务，生产性租赁服务，商务服务，人力资源管理和职业教育培训服务，批发与贸易经济代理服务，生产性支持服务，共十大类。这十个板块和制造业是强相关的，制造业的各种附加值，服务性的附加值都是由它来代表，如果不到位则制造产品就不会高端化。目前我国虽然制造业的增加值占全球比重接近30%，但与制造业强相关的生产性服务业却相对滞后，我国在全球产业链、供应链中位置不高的根源就在于这个方面。

此外，中国的服务贸易也存在结构比例与世界不同步的问题，根据联合国贸发会议的数据，2019年全球服务贸易占全球贸易总额大体上在30%左右，中国的服务贸易占贸易总额比重2022年仅仅是12%。我国服务贸易出口2022年是2.85万亿元人民币，一半以上是生活性服务业的出口。我们有3万多亿元人民币的服务贸易进口，进口的基本上都是生产性服务业，可惜进口的生产性服务业大部分不是中国贸易公司做的生产性服务业进口，而是外国服务贸易公司做的生产性服务业对中国的输出。

在这个意义上讲，培育新质生产力实际上就是要使中国服务业的50%是生产性服务业，整个GDP板块中生产性服务业要力争达到30%。如果我们的服务业占GDP的60%，60%里面有50%是生产性服务业，整个GDP板块当中生产性服务业就能够占到GDP的30%。尽管还达不到欧洲（40%）、美国

（50%）的比例，但是由现在的不到20%增加到30%，这增加的10个百分点，对现在120多万亿的GDP来说就是12万亿。如果服务贸易也增加，从现在12%的比重增加到全部贸易总量的30%，使我们的高端制造中服务价值能达到终端制造产品总体附加值的50%左右，这是新质生产力制造业的方向。生产性服务业上去了，新质生产力的制造业也就上去了。

三、第三个新是"新业态"

培育新业态的核心是推动产业变革，是产业组织的深刻调整，有两个关键推力：

第一个关键推力是全球化，新业态的形成要与全球潮流连在一起，形成国内国际双循环相互促进的新格局，我们要坚定不移推进制度型开放，促进形成新发展格局。这就是一个新的业态，是世界潮流，我们要培育新业态、新模式，需要内外贸一体化，换言之我们的市场体制必须从规则、规制、标准、管理等方面进行改革，形成内外循环一体化、市场化、法治化、国际化的营商环境。

为此，2023年12月1日，国务院常务会议提出，要对标国际先进水平，加快调整完善国内相关规则、规制、管理、标准等，促进内外贸标准衔接、检验认证衔接、监管衔接，推进内外贸产品同线同标同质。12月11日，国务院办公厅印发《关于加快内外贸一体化发展的若干措施》的通知。国务院的这些措施正是这个改革的内在目标所在。

第二个关键推力是数字化，形成产业互联网，现在我们消费互联网做的风生水起，而产业互联网基本上刚刚开始。产业互联网不仅是国内产业的互联网，还包括国际国内的产业互联网，这种产业互联网有两种。一种是一个企业集团、一个大型制造企业从设计、市场、信息、销售信息到开发、制造、物流的一体化的数字系统，这是在讲一个个企业的产业互联网，就跟我们 20 世纪 90 年代讲的 SaaS、2000 年以后讲的 ERP 一样，是一个企业制造业的工业自动化，从市场到销售、设计整个的自动化的产业互联网系统。

但是市场正在发展的是另一种产业互联网，是依托互联网平台和各种终端，将触角伸到全世界的消费者，根据消费者的偏好实现小批量定制、大规模生产、全产业链贯通、全球化配送。在这样的平台上集聚了几百家提供生产性服务业的研发设计、金融保险、物流运输等企业，几千家的制造业企业，以及上万家各种原材料供应商，这些企业之间用数字系统进行了全面贯通。依托这样一个产业互联网平台，这些企业形成了以客户为中心的全产业链紧密协作的产业集群，真正实现了以销定产、以新打旧、以快打慢。现在这样的产业互联网，中国有那么一批，这样的平台放在哪一个城市，哪一个城市就因此带来几千亿、上万亿的销售值，同时带来几千亿、上万亿的金融结算，还会带来物流和其他各种服务,就变成金融中心、贸易中心、服务中心。所以谁掌控未来产业互联网全球的平台,谁就是"三中心"莫属。

总之,以战略性新兴产业和未来产业为代表的新制造,以高附加值生产性服务业为代表的新服务,以及以全球化和数字化为代表的新业态,形成的聚合体就是新质生产力。我们国家在制造业板块、服务业板块、新业态板块都有巨大的潜力,现在的短板就是未来巨大的增长极,我们希望通过培育新质生产力推动中国制造业克服短板,成为未来发展的新的增长极。

多维协同发力加快形成新质生产力

陈晓红

· 中国工程院院士、湖南工商大学党委书记

◎ 标准在支撑经济高质量发展中发挥着基础性、战略性和引领性作用，必须加快实施国家标准化战略，用标准化支撑数字化转型，走好标准化推动形成新质生产力之路。

◎ 发挥好政府投资的带动放大效应，重点支持现代化产业体系、关键核心技术攻关、新型基础设施、节能减排降碳等领域，着力补短板、拉长板、锻新板，加快创造新竞争优势。

◎ 依托前瞻性学科布局发力新赛道，助力新一代信息技术、新能源、新材料等新兴产业发展，赋能元宇宙、量子信息、人形机器人、生成式人工智能、生物制造等未来产业发展，引导传统学科向"双碳"领域、智能领域转型升级。

新质生产力

"新质生产力"这一重要论断,是对马克思主义生产力理论的创新和发展,具有重要的理论意义和实践意义。2023年12月召开的中央经济工作会议提出,要以科技创新推动产业创新,特别是以颠覆性技术和前沿技术催生新产业、新模式、新动能,发展新质生产力。面对新形势新任务,需要通过加强标准化和知识产权保护、优化投资和科技经费分配、建设高对接的一流大学等措施,来加快形成新质生产力,从而推动我国经济发展不断实现质量变革、效率变革、动力变革,推进高质量发展,助力中国式现代化建设。

一、通过加强标准化和知识产权保护加快形成新质生产力

"得标准者得天下"。标准在支撑经济高质量发展中发挥着基础性、战略性和引领性作用,必须加快实施国家标准化战略,

用标准化支撑数字化转型,走好标准化推动形成新质生产力之路。

一是加快组建标准研制"先锋队"。在数字经济等各相关产业加快组建标准化技术委员会等组织,以之作为制定和维护标准的主要力量,加大支持力度,重视相关人才培养和输送,不断提高这些标准化技术组织在全国乃至全球的影响力。进一步缩短标准制定周期,加快创新成果专利化、专利标准化、标准产业化。

二是加快形成标准化建设"示范点"。健全重大科技计划项目中标准快速立项的机制。开展重要国家标准的综合实验验证平台建设,加快标准信息服务研发和平台建设。实施"标准化+"行动,在有条件的企业成立"标准化战略工作室",以试点形式加快建立标准体系,推进产业化步伐。建立全国性数字经济标准创新联盟,充分发挥引领示范作用。

三是加快成为标准研制"领跑者"。在开展基础标准研制的同时,同步开展应用、安全等领域的标准研制。尤其要瞄准"数据+算法+算力",从通信技术到"新基建"等方面开展关键标准的研制,加快制定基础软件、集成电路、通信与网络、核心元器件、量子通信、应用电子、虚拟现实等数字化产业的关键技术标准。

四是加快打造标准化"共同体"。促进我国标准化体系与国际标准相兼容,对标国际最高标准,深度参与制定与新质生产力要求相适应的各种国际法规、标准等,引领国际社会构建新的更合理的全球秩序和治理体系，进一步掌握国际事务话语权、主动权，为促进新质生产力的形成和发展营造良好的国际环境。

同时应该看到，新业态知识产权风险仍然高发频发，专利和商业秘密纠纷等时有发生。习近平总书记强调指出"要加快新兴领域和业态知识产权保护制度建设"，必须有力加以落实。

以高质量专利夯实知识产权保护根基。引导和支持新兴业态骨干企业从垂直链条式创新转变为全产业链生态创新，创造和储备一批具有国际竞争力的专利组合、软件著作权、具有自主知识产权的核心算法等。建立新业态高质量知识产权评估指标体系，全流程、全要素、全产业链对标，引导新业态企业提升知识产权质量。

加快完善知识产权保护政策法规体系。适度扩展知识产权保护客体范畴，部署数据、算法、商业模式等保护机制研究，进一步界定和明确权属；在未来商业秘密等的立法中，完善新业态智力成果保护顶层设计；针对数据权属、数据隐私和数据安全等核心问题，及时发布司法解释、制度规定和实施细则，防止侵权和技术外流。

持续提升重大知识产权风险协同应对能力。加快建立新业态产业知识产权联盟，引导行业建立知识产权管理体系，引导企业开展知识产权布局。推动制定契合企业诉求的技术标准、出口管制、产品认证认可等，引导有序竞争。

二、通过优化投资和科技经费分配加快形成新质生产力

党的二十大报告强调,要"优化配置创新资源"。投资是资源配置的重要手段,要紧扣供给侧结构性改革和扩大内需优化投资。

以投资加快战略性新兴产业和未来产业发展。战略性新兴产业和未来产业是形成新质生产力的主阵地。要发挥好政府投资的带动放大效应,重点支持现代化产业体系、关键核心技术攻关、新型基础设施、节能减排降碳等领域,着力补短板、拉长板、锻新板,加快创造新竞争优势。要引导企业加大新技术、新设备、新工艺投入,引导银行加大制造业重点领域中长期贷款投放力度,为重点项目建设和设备更新改造提供资金支持,筑牢现代化产业体系的基底。

以平台和金融助推科技成果加快转化。要打造技术服务平台融通大中小企业研发资源,布局以创新成果产业化为目标的新型研发机构和创新平台。引导银行等金融机构依据科研人员、高学历人才数量确定授信额度;通过专利数量、高新技术企业认定证书等材料,判断企业创新水平和经营前景;与产业链核心企业合作,为上下游有技术优势、有稳定订单的企业提供信用流转等,支持科技成果转化。

同时,党的二十大报告指出,要"提升科技投入效能,深

化财政科技经费分配使用机制改革,激发创新活力"。当前,需要持续释放改革红利,加快形成新质生产力。

一是立足"加快实现高水平科技自立自强"优化经费分配。进一步聚焦国家战略需求。集中资源支持实施一批具有战略性、全局性、前瞻性的国家重大科技项目,建立与关键核心技术攻关相适应的央地预算体制和配套机制,在人工智能、量子信息、集成电路、先进制造等前沿领域加大投入力度。强化基础研究稳定支持。构建"稳定＋竞争"的机制,对在基础研究方面有优势的机构或企业给予相对稳定的支持,针对基础研究制定由其专享或力度更大的税收优惠。构建助推中西部科技研发和创新水平提升的长效体制机制。

二是立足"强化国家战略科技力量"优化经费投入使用。探索构建部—省—市—企共同投入和合作的模式,成立创新联合基金,建立高效的管理协调机制。在投入方式上更多采用后补助、风险补偿、贷款贴息、保费补贴、担保补贴等方式,引导社会资金和金融资本等参与科技创新。打造更具活力的科技创新平台,允许科研人员依法依规适度兼职兼薪;在国家级实验室、省级高能级科技创新平台中拓展科研项目经费的"包干制"试点,取消劳务费预算和绩效支出比例限制;允许从稳定支持的科技经费中提取20%左右作为奖励经费并自主使用。

三是立足"深化科技评价改革"动态调整经费分配使用。制定完善的科技成果分类评价指标体系,对基础前沿类、市场导向型等不同类型机构和科技成果，以是否实现核心技术突破、是否产生经济社会效益等为核心，加快研制科学可行的分类评价指标体系。推动成果评价与经费分配使用更紧密挂钩。构建基于认同的长期研究支持机制，建立健全科研成果追溯认可机制，解决颠覆新技术认可滞后的问题，支持科技人员在基础性、公益性研究方向和"冷门"领域持续研究。

三、通过建设高对接的一流大学加快形成新质生产力

高校是科技第一生产力、人才第一资源、创新第一动力的重要结合点，加快形成新质生产力，必须发挥好高校的力量和作用。

一是在内涵式发展中培育新质生产力。一方面高校应在高水平基础研究平台建设上着力。聚焦科学前沿构建综合性大装置集群，布局与培育国家实验室，打造国家战略科技力量。建设跨学科跨专业的交叉研究平台，促进要素融合。另一方面，高校应在面向应用的基础研究上着力。针对国家战略急需，聚焦底层共性技术强化突破创新，集聚科研资源推进原创性、引领性、颠覆性科技创新。同时，高校应在拔尖创新人才队伍建设上着力。既注重引培高层次人才，也探索人才培养新模式，开展本硕博贯通培养，强化人才培养的家国情怀和创新能力，

强化科教协同和产教融合育人。

二是在特色化发展中强化新质生产力。高校应着力提高学科发展与建设现代化产业体系之间的适应度。其一，依托前瞻性学科布局发力新赛道，助力新一代信息技术、新能源、新材料等新兴产业发展，赋能元宇宙、量子信息、人形机器人、生成式人工智能、生物制造等未来产业发展，引导传统学科向"双碳"领域、智能领域转型升级。其二，创新科研组织模式服务大需求。开展有组织的科研和有组织的成果转化，建立"前沿探索—基础研究—集中攻关"的多层次科研体系，形成从研发到生产的全链条、系统化的科研发展格局。

三是在融合性发展中提升新质生产力。高校应积极加强与区域经济社会发展和行业、产业需求对接，推动科技创新成果转化落地。一方面，应推动高校优秀团队下沉产业一线，加强与企业的沟通交流、紧密合作。依托高校大学科技园、产业园区为初创企业打造孵化平台。另一方面，高校应主动建立供给侧与需求侧的技术清单制度，深化企业与高校之间"悬榜—揭榜"的合作模式，大力培养科技企业家和技术经理人，通过"先赋权后转化"推动科研成果转化，让技术链、创新链、产业链、人才链高度协同。

后　记

马克思主义认为，人类社会是在基本矛盾运动中发展的。在社会基本矛盾运动中，生产力是最终起决定作用的因素。社会发展的历史，是先进生产力不断取代落后生产力的历史；社会发展的状况，归根到底取决于先进生产力的发展程度。由此，生产力发展水平成为衡量社会发展的主要标准。

自习近平总书记在黑龙江考察期间首次提出"新质生产力"重要概念以来，理论界和实践界高度关注这一问题，围绕该问题充分热议与深入研究，从不同层面、多维角度进行了多重探讨，形成了一批优秀的研究成果，极大丰富了我们对于新质生产力的认识与把握。

2024年1月，习近平总书记在主持二十届中央政治局第十一次集体学习时强调："新质生产力是创新起主导作用，摆脱传统经济增长方式、生产力发展路径，具有高科技、高效能、高质量特征，符合新发展理念的先进生产力质态。它由技术革命性突破、生产要素创新性配置、产业深度转型升级而催生，以劳动者、劳动资料、劳动对象及其优化组合的跃升为基本内涵，以全要素生产率大幅提升为核心标志，特点是创新，关键在质优，本质是先进生产力。"习近平总书记的重要论述，为我们理解把握新质生产力提供了根本遵循。

应湖南人民出版社之约，我们组织编选了这本《新质生产力》，力求展现近期代表性研究成果，希冀为理论界、学术界和社会各界研究提供参考资料。新质生产力是一个重大理论与实践问题，因此本书的上篇侧重从理论层面剖析新质生产力的内涵要义、提出意义等，下篇侧重从实践层面分析各地区、各行业加快形成新质生产力的发力方向与路径举措。为保证出版时效，部分所编选文章的作者还在联系之中，图书出版后将及时支付稿酬。

本书由中共中央党校（国家行政学院）中国式现代化研究中心主任张占斌教授组织编选工作，毕照卿讲师和樊亚宾博士协助进行了文章收集与分类编排，中国式现代化研究中心有关专家提出了完善建议。湖南人民出版社副社长黎晓慧最先提出这个选题，并设计了操作方案，在此一并致谢。

本书编辑组
2024 年 2 月

本作品中文简体版权由湖南人民出版社所有。
未经许可,不得翻印。

图书在版编目(CIP)数据

新质生产力 / 张占斌等著. --长沙:湖南人民出版社,2024.2(2024.4)
ISBN 978-7-5561-3406-9

Ⅰ.①新⋯ Ⅱ.①张⋯ Ⅲ.①生产力—研究 Ⅳ.①F014.1

中国国家版本馆CIP数据核字(2024)第016141号

新质生产力
XIN ZHI SHENGCHANLI

著　　者:张占斌　陈晓红　黄群慧　等
出版统筹:黎晓慧　陈　实
监　　制:傅钦伟
产品经理:潘　凯　曾汇雯
责任编辑:潘　凯
责任校对:蔡娟娟
封面设计:刘　哲

出版发行:湖南人民出版社〔http://www.hnppp.com〕
地　　址:长沙市营盘东路3号　邮　编:410005　电　话:0731-82683346

印　　刷:长沙超峰印刷有限公司
版　　次:2024年2月第1版　　　　　　　　印　次:2024年4月第9次印刷
开　　本:710 mm × 1000 mm　1/16　　　　字　数:200千字
印　　张:20.25　　　　　　　　　　　　　插　页:4
书　　号:ISBN 978-7-5561-3406-9
定　　价:68.00元

营销电话:0731-82683348(如发现印装质量问题请与出版社调换)